조금 느린
당신에게
작게 읽기를
권합니다

조금 느린 당신에게 작게 읽기를 권합니다

완벽보다는 완주하는 나를 위한 에세이

김은 지음

어나더북스

책을 펴내며

이 글이 닿는 모든 곳에
작지만 단단한 행복이 깃들기를

첫 책 출간 후 다른 이들에게 책을 권하면서도 정작 나는 내 책을 제대로 읽지 못했다. 온 힘을 다해 쓴 책임에는 분명하나 왠지 두려움이 들어 망설여지곤 했다. 그러다 문득 시간이 흘러 두 번째 책을 마무리하는 시점이 왔고, 이번 책에도 출발점인 책 읽기를 언급하지 않을 수 없어 내용 감수를 위해서라도 첫 책을 펼쳐야 했다. 수없이 검토한 글이고 이미 세상에 공포된 글임에도 얼마나 많은 용기가 필요하던지. 펼치고 다시 덮기를 반복하다 결국 '작게 읽기'로 겨우 스타트를 끊을 수 있었다.

찬찬히 책을 읽어 나가며 그간의 걱정이 기우였구나 싶었다. 출간된 지 2년이 지나 비로소 내 책의 독자가 된 느낌은 새롭고도 따뜻했다. 내 이야기임에도 마치 낯선 이의 경험담과 메시지로 간접 체험을 하는 기분이 들었고, 시행착오 끝에 깨달음을 전하는 성장과 변화에 덩달아 힘이 났다. 또한 솔직한 진심을 담아 쓰자는 그때의 마음이 고스란히 느껴져 더 큰 용기를 얻었다.

느림에 관한 책을 쓴 이유, 위로의 이야기를 나누는 것

이번 책도 그런 마음이 또 하나의 이야기로 펼쳐진 것 같다. 달라진 건 그때와 다른 상황뿐이다. 두 번째 책의 방향을 고민하던 당시 육아휴직 중이었고 정신없이 아이를 키우며 모든 일상이 정지돼 있었다. 10년의 난임 끝에 엄마가 되어 인생의 중대한 목표를 이뤘지만 그 기쁨을 온전히 만끽할 수 없었다. 빠르게 흘러가는 세상의 속도와 그대로 멈춰진 것만 같은 내 상황에 큰 괴리감을 느꼈고, 도태되고 있다는 생각에서 벗어날 수 없어 한없이 불안하고 초조했다.

그런 중에 엎친 데 덮친 격으로 무리하게 집을 사며 일생일대의 위기를 겪었다. 그렇게 길을 잃고 방황하는 불안한 마흔이 되어 인생의 변곡점을 맞았다. 그 당시 내가 할 수 있는 건 다시 책을 읽으며 마음의 중심을 지키고, 예측할 수 없는 인생 앞에서 초심자의 자세로 일상과 인생의 기준을 잡아나가는 것뿐이었다. 그렇게 다시금 읽는 내가 되어 위기를 극복하고 나를 회복하며 알게 됐다. 이미 내 삶이 두 번째 책의 방향을 알려주고 있었음을 말이다.

시련이 내게 준 의미를 알아차리며 '느림'에 관한 책을 쓰게 됐다. 또한 나처럼 이런저런 연유로 느리고 늦어진 사람들에게 도움이 될 수 있는 '독서'를 구상했다. 오랜 고민과 시도를 거쳐 '하루 두 쪽으로 시작하는 마음 챙김 독서법'을 생각해냈고, 이를 줄여 '작게 읽기'로 명명했다. 그렇게 이 책 『조금 느린 당신에게 작게 읽기를 권합니다』가 탄생했다.

나는 지름길에 익숙지 않은 사람이다. 어쩌면 그래서 인생이 느린 방향으로 향하는지도 모르겠다. 사실 근속연수 20년에 달하는 초등학교 교사라면 경력을 살려 그에 맞는 책을 쓰는 것이 낫다. 명확하고 실리적인 책 주제가 계약에도 유리할 것이고, 초등교육에 관련된 주제라면 함께 작업하자는 제안을 미리 받을 만큼 빠르고 안정된 길이기 때문이다.

하지만 쓰고 싶은 글은 학교에 관련된 이야기가 아니었다. 쓰고 싶은 글의 방향은 나와 비슷한 상황에 놓여있거나 같은 심경을 가진 사람들에게 공감과 위로가 될 수 있는 이야기를 나누는 것이었다. 그래서 이번에도 세상의 풍파에 치이며 실수와 방황을 거듭한 나의 이야기, 그럼에도 불구하고 나름의 해법을 찾으며 나아간 나의 메시지로 정면 돌파를 결심했다. 그렇게 조금 느리더라도 내 글을 쓰기로 마음먹으며 보장된 길이 아닌 모험의 길을 택했다.

독자만을 생각하고 쓴 글, 감추고 싶은 얘기까지 드러내

대다수 사람은 돈을 많이 벌고 성공하면 바로 은퇴해서 쉬거나 하고 싶은 것만 하며 자유롭게 살고 싶다고 막연히 생각한다. 과거의 나 역시 그랬다. 그러나 그런 선택을 할 수 있음에도 여전히 자기 일을 프로답게 이어가는 톰 크루즈를 보면 전제가 달라져야 하는 게 아닌가 싶다. 일에 임하는 열정과 태도가 항상 최상의 상태를 유지해야 비로소 성공하고 그 위치를 지킬 수 있다고 말이다.

그는 2023년 개봉 예정인 영화 미션 임파서블 7시리즈 〈미션 임파서블 : 데드 레코닝 PART ONE〉에서 불가능에 가까운 미션에 도전했다. 절벽에서 오토바이를 탄 채로 뛰어내린 뒤 6초 동안 자유 낙하를 한 다음 낙하산을 펴고 지상에 착륙하는 미션이었다. 사방이 바위로 깎아지른 절벽에서 뛰어내리는 것만도 위험천만한데, 무려 바이크를 타고 질주하다 낭떠러지 아래로 떨어지는 장면을 대역 없이 찍었다. 그는 이 장면을 위해 1년간 비포장도로에서 바이크 연습을 한 뒤 오토바이 점프를 13,000번, 스카이다이빙은 하루에 30번씩 총 500번을 연습했다. 또 촬영 당일에 절벽에서 무려 6번을 뛰어내렸다. 이 미션과 관련된 계획은 모두 그가 직접 짰고 최고의 장면이 나올 때까지 무한 반복하며 촬영했다. 그 결과 영화 역사상 가장 스케일이 크고 위험한 장면을 완성할 수 있었다.

환갑을 넘긴 나이임에도 여전히 그는 젊은 배우들도 힘들 법한 위험천만한 액션에 꾸준히 도전한다. 꼭 필요한 부분에 스턴트 대역을 쓰거나 너무 위험한 요소는 감독과 의견을 조율하며 몸을 사릴 만도 한데, 왜 이렇게까지 하는지 의아해하는 사람들에게 그는 말한다.

한 가지만 생각하면 됩니다. 바로 관객입니다.

그렇다. 영화를 찍을 때 그가 가장 염두에 두는 것은 그 어떤 조건보다 이 영화를 보러 오는 '관객'이다. 오랜 시간 그를 봐온 사람들은 그가 출연하는 영화에 기대감이 클 것이다. 그래서 그는 그들을 실망시키지 않고 재미와 감동을 주기 위해 많은 시간과 돈을 들여 준비하고 노력한다. 찰나의 한 장면이라도 위험을 무릅쓰며 최선을 다하고, 자신이 만족할 수 있을 때 관객들도 만족할 수 있다는 생각으로 완벽을 추구한다. 이것이 그가 연기에 임하는 자세이자 매 작품을 대하는 태도다. 나 역시 이번 책을 준비하며 오직 한 가지만 생각했다. 바로 '독자'다. 이 책을 읽을 독자를 생각하며 어쩌면 감추고 싶은 이야기까지 가감 없이 드러냈다. 물론 단번에 된 것은 아니다. 원고를 쓰고 붙들고 고치는 부단한 과정에서 움츠러들다가도 다시 용기를 내어 여기까지 왔고, 한 줄의 문장부터 한 단어가 주는 느낌까지 고민에 고민을 거듭했다. 원고를 풀어가는 모든 면에서 최대한 솔직하고 진실하게 임했다.

'작게 읽기'라는 삶의 이정표, 변화의 불씨가 되었으면

하고자 하는 말은 원고에 꾹꾹 눌러 담았기에 어떠한 마음으로 이 책에 임했는지를 전하고 싶었다. 이 책을 읽는 순간만큼은 한 집 건너 있을 만한 보통 사람이면서도 느리고 늦어진 인생에 똑같이 방황하고 좌절한 한 명의 느림보로 동행하고자 한다. 그저 책을 읽고 쓰는 것에 조금 더 뜻을 둔 어떤 이가 '작게 읽기'라는 삶의 이정표를 제시하고 있구나, 라며 성장과 변화를 도모할 작은 불씨가 될 수 있다면 더할 나위 없겠다.

그동안 책으로 받은 기쁨이 차고 넘쳐서 이렇게 또 한 권의 책으로 독자들을 만날 수 있게 됐다. 너무나 감사한 일이다. 부디 이 책을 읽기 전보다 읽은 후가 더 평안하길 바란다. 더불어 이 글이 닿는 모든 곳에 작지만 단단한 행복이 깃들기를.

이 책이 완성되기까지 2년이 넘는 시간이 걸렸다. 그 사이 8개월이던 아기가 세 돌을 맞았다. 이 책을 내 생애 최고의 선물인 아이에게 전하고자 한다. 먼 훗날 엄마가 최선을 다해 살아온 모습을 기억해 힘든 날을 버티는 작은 버팀목으로 삼았으면 하는 바람을 덧붙인다. 책이 나오기까지 함께한 손길에 감사를 표한다. 글쓰기에 임할 수 있도록 열정을 주신 하나님과 부모님께 감사의 말씀을 올린다. 집필에 전념할 수 있도록 아이를 돌보며 편의를 아끼지 않았던 남편과 항상 따뜻하게 격려해주시는 시댁 부모님의 노고도 잊을 수 없다. 신앙의 동지인 하예성교회와 국방대학교 교회 성도분들에게는 늘 함께하겠다는 마음을 전하고 싶다. 진심 어린 소통을 통해 책에 감성과 윤기를 보태준 출판사 권 대표님의 고마움도 빼놓을 수 없다. 무엇보다 이 책과의 작은 인연으로 만나게 될 독자 여러분의 봄볕 가득한 시간을 열렬히 희망한다.

아이가 세 돌이 된 2023년 5월에

김은

차례

책을 펴내며
이 글이 닿는 모든 곳에 작지만 단단한 행복이 깃들기를 004

1장 | 바람이 분다
이 불안과 걱정의 끝은 과연 어디쯤일까?

어느 날 문득 검색창에 '망한 인생'이라는 단어를 쳤다 017 / 참 지독히도 미련하게 열심히 살았다 024 / 느림 DNA만은 물려주고 싶지 않은데 031 / 단 하루도 편히 잠들 수 없던 까만 날들 037 / 무엇 하나 쉽지 않았던 내가 나에게 044

2장 | 독서 마디
인생의 기로에서 나는 늘 읽기를 만났다

인생의 기로에서 늘 읽기를 만났다 053 / 11년 차 직장인, 왜 아직도 일이 버겁지? 060 / 열심히 노력해도 되지 않는 일들 066 / 10년 만에 난임 대학을 졸업했습니다만 073 / 읽는 삶이 아니라면 나도 존재하지 않아 080 / 나를 일으켜 세운 8할은 '독서 마디'였다 086

3장 | 느림의 묘미
느림의 임계점을 넘으면 또 다른 내가 된다

내 인생은 slow와 late의 연속 094 / 후배에게 뒤처지고 내 삶도 지각이고 101 / 아이가 군대 갈 때 나는 환갑이 된다 108 / 거북이 같은 내가 토끼를 좋아하는 이유 115 / 남들처럼 살기보다 남달리 살아보기 121 / 늦었기 때문에 느리지 않게 된 것 127

4장 | 마흔의 시간
인생의 밀도와 일상의 온도를 높여야 할 때

괜찮은 인생인데 왜 눈물이 나는 거지? 135 / 계획대로 안 된다고 망한 건 아니잖아 141 / 120세 인생 중 이제 1막이 끝났을 뿐 147 / 작전타임! 시간의 질이 곧 삶의 질이다 154 / 하루는 성실하되 인생은 흘러가는 대로 160 / 마흔, 내 삶을 다시 예열하는 시간 166

5장 | 마음의 기초
하루 두 쪽으로 시작하는 마음 챙김 독서법

book comfort, 사람보다 깊은 위로 173 / 나의 중심을 잡아주는 작은 행동의 힘 179 / 소중한 나를 위한 마음 소파 만들기 186 / 하루 두 쪽, 매일 5분의 마음 챙김 193 / 한 달에 한 권으로도 충분한 책 읽기 201 / 조금 느리다면 작게 읽기를 권합니다 207

6장 | 소확독 일상
매일 내게 커피 한 잔의 독서를 주기로 했다

내가 없는 일상에서 읽는 내가 되는 것 215 / 불안을 다스리는 매일 읽기의 힘 220 / 소소하지만 확실한 독서로 활력 충전하기 226 / 나와 내 하루를 의미 있게 해주는 3가지 231 / 할 수 있는 것부터 작게 시작한다면 236 / 매일의 일상이 모여 꿈의 마디가 된다 242

7장 | 비로소 지금
오늘도 서툴지만 단단한 느림으로 한 걸음

내 행복의 원천은 꾸준한 독서 마디에 있다 251 / 빠름의 시대, 단단한 느림으로 응수하는 법 256 / 행복은 절대성이 아닌 지속가능성 262 / 잘하는 나보다 하고 있는 나를 응원할 때 267 / 미완성인 나를 완성해가는 즐거움 274 / 인생의 찬란한 봄날은 언제나 지금이다 280

1장 | 바람이 분다

이 불안과 걱정의 끝은
과연 어디쯤일까?

어느 날 문득 검색창에
'망한 인생'이라는 단어를 쳤다

2021년 2월, 난생처음 아파트 매매 계약을 했다. 잔금 지급과 입주 절차가 아직 남았지만 생애 최초의 내 집 마련이다. 감격의 환호성을 질러야 할 것 같았는데, 전혀 그럴 수 없었다. 오히려 외마디 신음만 낼 수밖에 없었다. 후폭풍 때문이었다. 그랬다. 행복한 보금자리 마련이 아니라 지옥행 열차 탑승이었다. 이 일로 나의 40대는 출발점부터 마구 흔들렸다. 여진은 지금도 계속되고 있으며 앞으로도 한동안 지속될 것 같다.

이 슬픈 드라마의 시작은 공교롭게도 첫 책이 출간된 시점과 겹친다. 2020년 12월, 그토록 바라던 책이 세상에 나왔다는 소식을 친구에게 전할 때 문득 부동산 이야기가 나왔다. 친구는 무주택자인 내게 추천할 만한 물건이 있으니 관심이 있으면 통화를 하자고 했다.

　친구를 알려준 집은 조합원 물건이었는데 그 집에 붙은 프리미엄 가격을 듣는 순간 '헉' 소리가 났다. 남편과 내가 평생 모은 자산보다 집의 프리미엄이 더 높았기 때문이다. 허망한 기분이 들었지만, 이 집을 사두면 필시 더 오를 거라는 말에 가슴이 두근거렸다. 어느 순간 내 처지와 관계없이 욕심이 생겨났다. 그러자 말도 안 된다고 생각했던 엄청난 가격이 다시 보였다.

　평소라면 친구 제안을 흘려들었겠지만 일이 되려면 모든 것이 맞아떨어지고 의미 부여가 되는 법. 욕심과 함께 발동을 건 추진력은 일사천리였다. 그동안 집을 사려고 사방팔방 노력했어도 번번이 성사되지 않았던 게 이 집을 만나기 위함이 아니겠냐는 운명론까지 소환했다. 이 기회에 평생 살 집을 마련하기로 마음먹고 곧바로 가계약을 해버렸다. 친구에게서 얘기를 들은 지 불과 3일 만이었다.

　돌이켜보면 그때의 나는 내가 아니었다. 평소의 나답지 않았다. 도대체 무슨 정신으로 그렇게 돌진했는지 모르겠다. 내 집이 생긴다는 생각에 마냥 마음이 든든할 줄 알았고 무주택자 꼬리표를 뗄 수 있어 더없이 행복할 줄 알았다. 하지만 본격적으로 절차를 진행하게 되자 아득한 현실이 보였다. 게다가 진짜 문제는 따로 있었다.

이름하여 '재초환'이었다. 이것은 '재건축 초과이익환수제'의 줄임말로, 건물을 새로 지으면서 전에 비해 과하게 수익을 얻은 사람에게 세금을 걷는 제도다. 물건을 살 때만 해도 재초환이 몇백 정도일 것이라 했는데 추후 억대가 나올 수도 있다는 충격적인 말이 나왔다. 이미 너무 비싸게 사서 허리가 휠 지경인데다, 계약 당시에 이전 건물이 사라져 취득세를 토지세로 내느라 내 연봉에 가까운 세금을 가까스로 냈고, 입주할 때 내는 세금도 따로 있는데 거기에 재초환이라는 세금을 억대로 내야 한다니….

이토록 우울한 인생 드라마가 또 있을까. 나이라도 젊으면 회복할 시간과 여유라도 있지, 남편도 나도 마흔을 넘긴 적지 않은 나이가 되었고 이제 책임져야 할 자녀까지 있다. 어느 날 문득 인터넷 검색창에 '망한 인생'이라는 단어를 쳤다. 망한 인생이 무엇인지 진심으로 궁금했다. 혹 내가 그 주인공이 아닌지 확인하고도 싶었다. 사실 이 집을 계약하기 전 좋은 기회가 있었는데 그걸 놓쳐 가슴이 더 쓰렸다. 세종시 아파트 가격이 미친 듯이 오르기 전, 당장이라도 집을 사겠다는 기세로 아파트를 보러 다녔었다. 하지만 남편과 중개인의 소극적인 태도에 너무 쉽게 포기했다. 그때 놓친 집이 1년 뒤 실거래가 10억을 넘겼다. 계약 직전까지 갔던 터라 제법 두둑한 시세차익을 놓쳤다 싶어 한동안 상실감에 빠졌다.

열심히 공부해 대학을 갔고 취직 후 20년 가까이 쉴 틈 없이 일했다. 그런 후 새롭게 도전하고 싶은 제2의 인생을 꿈꾸며 일찌감치 명퇴를 목표로 세우고 앞으로 딱 5년만 더 일하자는 결심으로 버텨왔는데, 이제는 그 바람마저 접게 되었다. 당연하게도 아파트 계약의 후폭풍 때문이다. 2년째 근무하고 있는 현재의 학교 임기가 끝나더라도 명퇴가 아닌 다른 학교의 근무를 계속 이어나가야 할 처지가 된 것이다. 다음은 물론이고 그 다음 학교까지 10년을 훨씬 웃도는 시간까지 계속 직장생활을 계속하다 정년을 맞을지도 모른다.

매 순간 열심히 성실히 살아내면 그에 응당한 보상이 있으리라 생각했다. 엄청난 부자는 아니더라도 적어도 내 집 마련은 가능할 것이라 믿었다. 하지만 안타깝게도 나는 집이 없으면 별안간 '벼락 거지'가 되는 이상한 세상에서 친구의 말 한마디에 집을 사는 어리숙한 선택을 했다. 더없이 계획적이고 신중했던 내가 말이다.

이 이야기를 쓰기까지 많은 용기가 필요했다. 과거를 떠올리며 글을 쓰려니 아픈 상처를 들추는 것처럼 마음이 괴로워 쓰다가 멈추기를 반복했다. 하지만 그로부터 2년이 지난 지금은 남의 일처럼 덤덤해졌다. 시간이 해결해 주었을까? 아니다. 절망의 수렁에서 벗어나기까지 반년도 넘게 걸린 것 같다. 도저히 헤어 나오지 못할 것 같은 지독한 터널에서 벗어날 수 있었던 것은 책에서 얻은 지혜 덕분이었다. 책에서 마주한 죽고 사는 문제는 나의 걱정이나 괴로움과는 거리가 있었다. 나의 걱정은 그리 심각한 게 아니었고 죽을 만큼 괴로워할 필요도 없는 거였다. 헛헛해 쪼그라진 마음이 과대하게 키운 허상이었다. 지금의 이 불안감 또한 지나갈 거라는 믿음이 와닿는 찰나, 탁류가 떼 지어 물러가며 일순 마음이 가벼워졌다. 어깨 위를 짓누르고 있던 바위 같은 것도 조그마한 돌멩이로 변했다. 놀라운 경험이었다. 책과 나 사이의 경계도 허물어졌다. 그러곤 책과 마주한 내게 여백이 생겨났고 거기서 여유를 가지게 되었다.

책이 구세주였다. 책이 전하는 위로가 그 어떤 것보다도 강력했다. 책이 근심 걱정의 격랑에서 벗어나는 길을 안내했다. 평화롭고 아늑한 침잠의 세계로 인도했고 때론 격정의 현실을 포근하게 안는 방법을 알려주었다. 책 속에서 제대로 숨을 쉬며 안온한 일상을 얻었다. 더 깊어지고 단단해진 나를 발견하는 건 최고의 기쁨이었다. 책을 작정하고 읽은 것도 아니다. 목표를 잡거나 많은 시간을 할애하지도 않았다. 그저 읽고 싶은 책을 골라 시간이 날 때마다 조금씩 읽었다. 그야말로 '작게 읽기'였다. 신기한 것은 책을 5분이라도 읽고 나면 마음이 따스해지고 어깨 위 짐이 1g쯤은 가벼워진다는 사실이다. 하루 두 쪽 정도의 마음 챙김 독서가 일상에 스며들면서 제법 용기 있는 사람으로 거듭나는 기분이었다. 과거를 떠올리며 후회하던 습관도 어느새 자취를 감추었다. 마법의 5분 덕분이었다.

  5분은 마음만 먹으면 누구나 낼 수 있는 시간이다. 나는 이것이 매우 효과가 좋은 마음 챙김 방법이라 여긴다. 잠시 펼친 책에서 사람 마음을 단박에 맑고 환하게 만들어 주는 글을 만날 수 있기 때문이다. 수개월 간 불면증에 시달리며 괴로워하던 사람이 책으로 그 고통을 치유했다고 한다면 믿지 않을지도 모르겠다. 하지만 지금의 내 삶이 증명한다고 말하고 싶다. 요즈음의 나는 용기백배의 아줌마다. 숨 막히는 현실 앞에서도 당당하다. 내일을 기대하는 희망 때문이다. 그렇다고 상황이 조금이라도 나아졌냐고? 오히려 그 반대다. 집값은 연신 곤두박질치고 있고 은행 잔고는 마이너스이며 대출 금리는 가파르게 오르고 있다. 계약한 집은 2023년 5월 현재도 미분양 상태고 아파트 입주 예정인 2025년 2월에는 수억이 추가로 필요하다. 게다가 남편이 내년까지 교육 중이라 향후 2년간 소득은 대폭 줄 예정이고 뒤늦게 투자한 주식은 열어보기가 무섭게 하향 곡선이다. 한마디로 이보다 나쁠 수 없다. 그럼에도 마음은 고요한 편이다. 2년 전에는 상상조차도 할 수 없는, 소심하고 유약한 멘탈 소유자의 놀라운 변화다.

　인생을 살다 보면 누구든, 언제든 위기를 만나기 마련이다. 나도 그랬다. 안정적일 것이라 여겼던 40대가 돼서도 여전히 불안정한 상태로 흔들렸다. 언제쯤 이 바람이 멈출지, 불안과 걱정의 끝은 어디쯤일지 가늠할 수도 없었다. 하지만 작게 읽기로 책을 만나며 평온을 찾았다. 책을 읽다 보니 '느려도 괜찮아', '실패해도 괜찮아.'라는 마음의 소리가 들렸다. 망한 인생이라고 생각했던 내가, 세상에서 상처받았다고 느꼈던 내가 자신을 치유하고 위로하는 사람으로 변모한 것이다. 크고 작은 불안과 걱정으로 오늘을 살고 있다면, 인생의 속도가 느리다면, 당신도 나처럼 책으로 힘을 얻고 단단한 느낌으로 다시 한 걸음 내딛기를 바란다. 가랑비에 옷이 젖듯 하루 5분의 독서가 팍팍했던 당신의 인생을 촉촉하게 바꾸어 줄 것이다. 이것이 조금 느린 당신에게 작게 읽기를 권하는 이유이자 이 책을 쓴 이유다.

참 지독히도
미련하게 열심히 살았다

결혼 10년 차가 되어서야 비로소 아이를 갖게 되었다. 간절히 원했던 아이였다. 수없이 많은 시술과 좌절, 체념과 눈물 끝에 찾아온 아이였기에 너무나 소중했다. 그 아이를 뱃속에 품고 있던 2020년 어느 월요일 오후였다. 산부인과 진료를 보려고 조퇴한 뒤 학교를 나섰다. 병원까지 차로는 5분이 걸리고 걸어가면 30분이 걸리는 거리다. 비가 내리고 있어 임산부가 걸어가는 게 무리다 싶었다. 그런데 많은 비가 아니어서 금세 생각을 바꾸었다. 택시비가 아까워서였다. 결국 걸어가기로 했다.

하지만 출발한 지 얼마 되지 않아 빗줄기가 점차 굵어졌다. 가까워 보이던 거리도 막상 걸어보니 예상과 다르게 멀었다. 되돌리기엔 이미 늦은 것 같아 꾸역꾸역 무거운 걸음을 옮겼다. 병원에 도착했을 때는 이미 기진맥진한 상태가 되었다. 그런데 안도의 숨을 몰아쉬며 가방을 열었을 때 화들짝 놀라고 말았다. 가방 바깥 주머니에 넣어두었던 휴대전화에 물이 잔뜩 들어갔기 때문이다.

'아차! 차비 몇 푼 아끼려다 수십만 원짜리 휴대전화를 망가뜨리다니….'

큰 우산을 들고나오거나 가방을 앞으로 멨어야 했다. 무리하게 걷지 말고 바로 버스를 타거나 택시를 잡았어야 했다고 자책했지만 이미 늦었다. 주말에 아이폰 수리점을 갔더니 같은 기종의 중고폰을 사는 방법밖에 없다고 했다. 휴대전화가 당장은 정상적으로 작동하더라도 언제 갑자기 고장이 나도 이상하지 않다고 했다. 혹시나 하는 마음에 더 먼 지점까지 나가봤지만 비슷한 말을 듣고는 터덜터덜 돌아왔다. 주룩주룩 내리는 비처럼 딱 울고 싶은 하루였다. 비도 내리고 있는 와중에 홑몸도 아닌 임산부가 왜 그랬냐고 물으면 할 말이 없다. 택시를 타도 이상하지 않을 상황에 버스 정류장까지 가서도 기어코 걸어갔으니 나도 어지간한 고집쟁이다. 이런 내가 가끔은 스스로도 이해가 되지 않는다. 답답하다 못해 한심하기까지 하다. 하지만 어쩌겠는가. 이게 나인 것을. 고생은 고생대로 하고, 작은 걸 아끼려다가 큰 손해를 보고 마는 상황은 내게 아주 생경한 일은 아니다.

나는 아끼는 습관이 몸에 밴 사람이다. 이런 상황에서도 버스비를 아낄 정도이니 택시는 거의 안 탄다고 보면 된다. 지금껏 내 돈 내고 홀로 택시를 타본 적이 거의 없다. 여럿이 같이 탈 때라면 몰라도 굳이 혼자 택시를 타는 건 낭비라고 생각한다. 오랜 기간 난임 병원에 다닐 때도 택시 한번 탄 적이 없었다. 물론 낭비하지 않고 아끼는 것은 중요하다. 그렇지만 곰곰이 생각해보니 맹목적인 절약을 위해 소중한 시간을 아깝게 흘려보내거나 과도하게 아끼느라 내 몸을 지키는 데 소홀했던 것 같다. 월급이 꼬박꼬박 나오는데도 정작 필요할 때 돈을 쓰지 못하기도 했다. 무조건 절약하는 대신 돈을 쓰는 데 있어 나만의 원칙을 세웠으면 어땠을까 싶다. 지금은 그런 생각을 많이 하게 된다.

20년 가까이 직장생활을 했음에도 나는 재테크의 '재' 자도 모른 채 살아왔다. 대신 그 자리에 절약과 저축을 열심히 하는 생활로 채웠다. 처음 사회생활을 시작할 때 어리숙한 나를 대신에 엄마가 재정계획을 세웠다. 학교 발령을 받고 첫 월급을 타자마자 적금을 부었다. 엄마가 세팅한 대로 3년간 적금을 부었고, 그 이후에는 적금과 예금을 병행하며 열심히 모았다. 꾸준히 모으면 결국 잘살게 될 것이고 언젠가는 부자가 될 수 있을 것이라 믿었다. 하지만 부자는커녕 하루아침에 벼락 거지 하우스 푸어가 되고 보니 비로소 알겠다. 누군가는 세상의 흐름을 읽고 부의 추월차선을 넘어 질주하고 있는데 나는 전혀 그렇지 못하다는 걸. 더욱이 세상의 속도에 역행해 살아왔다는 자책과 마주할 때면 왠지 주눅이 들기도 한다. 투자를 잘하면 자산이 제트기처럼 날아가고 저축만 고집하면 거북이처럼 기어간다던데, 그런 기준이라면 근 20년을 느릿느릿 거북이로만 산 셈이다.

비단 돈만 열심히 아끼고 모아온 게 아니다. 공부와 독서도 미련할 정도로 열심히 했다. 공부는 중학생 때부터 욕심을 냈는데, 외워서 되는 거라면 될 때까지 무작정 외웠다. 영어는 종이가 새까맣게 될 정도로 단어를 쓰면서 외웠고, 수학은 풀이 과정을 통째로 외웠다. 그렇게 암기를 무기로 내신 1등급을 받았다. 열심히 공부해서 좋은 대학에 진학하는 게 가장 빠른 성공의 지름길이라 믿었다. 그렇게 우직하고 단순하게 밀어붙였다. 어찌 됐든 간에 중도에 포기하지 않는 나의 미련함과 지구력은 꽤 쓸모가 있는 편이었다. 하지만 수능은 열심히 외워서 성적을 낼 수 있었던 내신과는 좀 달랐다. 게다가 독일 전차의 행군처럼 무한정 달릴 수는 없는 노릇이었다. 우직한 공부 덕에 교대를 가게 되어 선생님이라는 안정적인 직업을 갖게 되었지만, 진정 원했던 대학 진학은 아니었다.

  독서는 대학 졸업 후 가장 열심히 한 것 중 하나다. 1,000권의 책을 읽었다. 서른다섯이 되던 해에 시작해 서른여덟까지 3년 동안의 일이다. 질병 휴직 2년을 고스란히 책 읽기에 쏟아부은 결과였다. 어느 날 문득 1,000권을 책을 읽으면 작가가 될 수 있다는 누군가의 말에 전율했고, 그 아련한 희망이 나를 미치도록 선동했다. 꿈을 갖는다는 게 이토록 달뜬 사람이 되게 하는지를 뼈저리게 느낀 생생한 경험이었다. 반 정도는 미친 사람이 되어 책에 열중하며 가슴을 후비고 얼어붙은 뇌를 난타하는 좋은 책들을 많이 만났다. 보람과 희열이었다. 다만, 되돌아보니 명확한 기준이 없는 무작정 독서에 가까웠다는 게 아쉽다. 당연하게도 효율과는 꽤 거리가 있는 독서였다. 우직한 직진이 몸에 밴 유전자 영향이었을까. 3년이라는 긴 시간의 직진을 끝내고 나서야 효율과 아름다운 책 읽기를 생각하게 되었다. 엄청난 시행착오였다. 그렇다고 아까운 시간 허비는 아니다. 효율 이전에 느리고 둔한 내 방식의 책 읽기였고 정화된 영혼이 투영된 값진 시간이었기에. 소 잃고 외양간 고치는 격은 아니지만 지금은 나름 양질의 독서를 지향하고 있다. 무엇보다 시간이 제한되어 있기에 효율이라는 과제를 풀어야 하기 때문이다. 빨리 많이 읽으려 할 수 없기에 고민했고, 그래서 찾은 방법이 매일 5분의 책 읽기였다.

이처럼 나는 저축, 공부, 독서 등 무엇이 되었든 무작정 '열심히' 했다. 무언가를 최선을 다해 열심히 하는 게 가장 중요하다는 믿음은 여전하다. 어떤 일이든 완벽하게 할 수 없기에 시행착오를 거듭하며 시간과 노력이 쌓이는 과정도 피할 수 없다. 그렇지만 직진 일변도의 관성은 확실히 무모하고 한계가 있었다. 때로는 명확한 방향 설정 후 목적 의식적인 행동으로 나서는 계획성과 치밀함이 필요하다는 반성을 하게 되었다. 목돈이 어느 정도 모였으면 세상의 흐름을 살피며 투자할 줄 알아야 하는 것처럼. 3년간 천 권을 읽으며 다독에만 매달린 결과, 책을 쓰겠다는 실질적인 계획에 큰 차질을 빚었었다.

나는 왜 이토록 앞만 보고 요령 없이 달리기만 했을까? 생각해보면 이 모든 것의 시작은 '불안'과 '걱정'이었다. 돈을 아끼지 않고 허투루 쓰면 금세 가난해질 것 같았고, 공부를 조금이라도 게을리하면 대입 실패로 인생의 패배자가 될 것 같았다. 또 3년간 1,000권을 제대로 읽지 않으면 작가가 될 수 없을 것 같았다. 그렇게 실체 없는 불안과 걱정 속에서 책 쓰는 일이 요원한 일이 되고 말았다. 그러다 작은 용기를 갖게 되었다. 양질전화(量質轉化)라는 말이 있다. 오랜 시간의 노력이 가져다준 질적인 변화, 그것은 성실했던 나에게 찾아온 선물이었다. 그 선물은 작은 용기였고, 그 용기를 갖게 되면서 더는 불안과 걱정에 사로잡혀 살지 않기로 했다. 작은 것을 얻는 데 집중하느라 더 큰 것을 보지 못하는 실수를 반복하지 않기로 했다. 정말 귀중한 내 몸과 마음을 챙기고, 결을 느끼는 다감한 시선과 감성을 소중하게 여기기로 했다. 또 가끔 느리고 늦은 자신이 답답하고 마음에 들지 않더라도 그걸 인정하고 보듬어주기로 했다.

조금씩 천천히 바꿔나가겠다는 결심의 신호탄은 알뜰폰 무제한 요금제였다. 그저 몇천 원 보탰을 뿐인데 내게는 큰 선물이었고 이루 말할 수 없는 행복감이 몰려왔다. 핸드폰 요금제를 무제한으로 쓰는 일이 누군가에겐 대수롭지 않은 일이겠지만, 내게는 견고했던 틀을 깨는 쉽지 않은 일이었다. 아등바등 살아도 힘만 들고 제자리걸음인 것만 같던 날들, 그래도 오늘만은 그동안 애써온 자신을 위해 박수를 보내고 싶다. 미련하리만큼 열심히 살아온 나를 따뜻하게 안아주려 한다. 그리고 말하고 싶다. 고생했다고, 이제는 조금 덜 열심히 해도 된다고.

느림 DNA만은
물려주고 싶지 않은데

아기가 10개월이 지났는데도 붙잡고 일어서지 못한다면, 소아청소년과 의사의 진료를 한번 받아보는 것이 좋습니다.

아이를 재우고 늦은 밤에 하정훈 소아과 전문의가 쓴 『삐뽀삐뽀 119 소아과』를 펼쳤다. 눈길이 어느 한 문장에서 그대로 멈추고 말았다. 10개월이 지나도 여전히 붙잡고 서지 못하는 아기가 바로 내 아이의 이야기였기 때문이다. 아이가 있는 집이라면 으레 구비해 놓는 베스트셀러라서 더욱 신경이 쓰였다. 진작 병원에 가서 진찰받았어야 했는데 이미 늦은 게 아닌지 불안해졌다. 마침 영유아 발달 검사를 받을 시기가 되어 병원을 찾았다. 의사 선생님께 책에서 본 문장을 언급하며 잘 일어서지 못하는 아이의 상태를 걱정스럽게 꺼냈다. 이대로 괜찮겠냐고 물었더니 다행히도 긍정적인 대답이 돌아왔다. "대근육 발달이 늦은 편이지만 발달 과정을 다 밟으면 좀 늦어도 괜찮아요."

그렇다고 걱정이 사라지지는 않았다. 나이 마흔에 첫 임신을 한 초보 엄마의 걱정이란 게 끝이 없는 법. 아이의 발육이 다른 아이들보다 늦은 것에 더해 몸이 자꾸 한쪽으로 기울고 엉덩이 골도 휘어지는 게 걱정이 되었다. 그런 게 아이의 대근육 발달과 관련이 있지는 않은지 궁금했다. 불안한 눈빛으로 질문하자 그걸 알아보려면 대학병원에서 정밀검사를 받아야 한다고 했다. 의사는 원하면 진료의뢰서를 써드리겠다고 했고, 나는 이번 기회에 정밀검사를 받기로 마음먹고 진료의뢰서를 요청했다.

근처 대학병원을 수소문했다. 세종 충남대 병원, 대전 충남대 병원, 대전 을지대 병원에 문의했다. 대전 충남대 병원에 이런 아이를 전문적으로 진찰하는 의사 선생님이 있다는 얘기를 듣고 보름 뒤 예약을 잡았다. 그 순간 불안했던 마음이 진정되면서 예약을 한 것만으로도 아이 엄마의 역할을 하고 있다는 안도감이 생겼다. 아이 둘을 키우는 친구에게 대학병원 진료 예약을 잡았다고 말하자 "그래, 궁금하면 대학병원에 한 번 가보는 것도 괜찮아. 그런데 대개 어릴 때 심각하게 고민하던 것들이 지나고 보면 별일 아니기도 하더라."라고 말했다. 그 말을 들으니 그럴 수 있겠다는 생각이 들었다. 새언니도 말리는 눈치였다. 어린 애 데리고 대학병원 진찰을 받아봐야 걷지도 못하는 아이를 괜히 고생만 시킨다는 거였다. 올케언니는 딱 보기에도 아이가 정상이니 굳이 검사할 필요가 있겠냐 했다. 베테랑 엄마들의 말에 예약만으로도 안도했던 초보 엄마의 마음이 흔들렸다. 그래서 결국에는 어렵게 잡은 예약을 취소했다.

 베테랑 엄마들의 말이 맞았다. 아이는 뱃속에서부터 태어날 때까지 딱 표준이었다. 임신 기간 내내 평균 몸무게가 소수점까지 한 치 오차도 없이 딱 들어맞았다. 워낙 난임 시기가 길었던 데다 늦은 나이의 노산을 조바심 내고 전전긍긍했던 것은 기우였고 해피엔딩이었다. 걱정이 많았고 소심했던 터라 그저 표준인 것만으로도 행복했고, 감사했다. 임신 초기부터 유산이나 조산 위험이 있다는 말에 제발 2킬로만 넘게 해달라며 간절히 기도했다. 유산 위험성이 늘 있었기에 가까운 사람들에게 임신 소식을 전하지도 못했다. 이런 엄마 마음을 잘 알았는지 다행히 아기는 뱃속에서 잘 자랐고 수술 예정인 38주에 무사히 태어났다. 그때 아이 몸무게도 38주 태아의 평균인 3.3kg이었다.

그렇게 정상으로 태어난 아이는 배만 고프면 숨이 넘어갈 듯이 울어대고 하루에 우유를 1,000ml 가까이 먹으며 쑥쑥 컸다. 병원에 갈 때마다 너무 많이 먹이지 말라는 말을 들을 정도였다. 아이는 염려와는 달리 또래 아이 중 상위 10% 정도의 체중을 유지하며 폭풍 성장했다. 축복이었다. 하지만 안도했던 마음도 잠시 새로운 사실을 알게 되면서 고민에 빠지게 되었다. 아이의 발달 과정이 다른 아이보다 현저히 느렸기 때문이다.

어느 날 퇴근 후 집에 와보니 친정엄마가 아이에게 '뒤집기' 연습을 시키고 있었다. 그런데 아이는 뒤집기가 잘되지 않는 게 답답했던지 서럽게 울고 있었다. 대개 웬만한 아이들은 100일이 지나면 뒤집기를 한다는데 우리 아기는 그보다 한참 지나서야 가능했다. 6개월쯤이면 하게 된다는 '혼자 앉기'도 느렸다. 200일 기념사진을 찍으려고 앉혀놓으면 자꾸 앞으로 고꾸라졌다. 9개월이 지나서야 아이는 혼자 앉을 수 있었다. '붙잡고 서기'도 마찬가지였다. 아이가 걸어 다니면 사진을 찍기 어렵고 앨범 제작 시간도 한 달 이상 필요해서 보통 돌 촬영은 10개월 즈음에 한다. 그래서 처음에는 돌 촬영 예약을 3월로 잡았다. 하지만 걷는 건 둘째치고 붙잡고 서는 것도 힘들어 촬영 일정을 계속 늦출 수밖에 없었다. 결국 남들은 두 달쯤 미리 찍는 돌 촬영을 우리는 돌을 불과 이틀 앞둔 5월 6일에서야 찍을 수 있었다. 그야말로 진짜 돌 촬영을 한 것이다.

　아이의 발달이 다른 아이들에 비해 느린 편이라 많이 걱정했지만, 한편으로는 대근육 발달이 늦어서 좋은 점도 있었다. 100일이 훨씬 지나도 뒤집기를 못한 까닭에 아기 침대를 충분히 사용할 수 있었고 기저귀 갈 때도 오랜 기간 편했다. 대근육 발달이 느리면 엄마가 편하다더니 그 말을 실제로 체험하게 됐다. 성장과 발달의 상관관계도 의외의 대화에서 알게 됐다. 성장은 빠른데 발달이 느려서 걱정이라는 말에 교회 사모님께서 "성장이 빨라서 발달이 느린 거예요."라고 말씀하시는 게 아닌가. 처음에 들었을 때는 갸우뚱했는데 곱씹어보니 그야말로 명쾌한 답이었다. 성장이 빨라 체중이 표준보다 많이 나가니 몸이 무거워서 움직임이 둔할 수밖에. 그러고 보니 일찍부터 서고 걷는 아이들은 몸이 가벼운 아이들이었다. 그것도 모르고 몸이 준비되지 않은 아이에게 억지로 연습을 시키며 조바심을 냈던 게 떠올랐다. 발달이 느리다고 조바심을 내서 못내 미안했다.

　부모로서 걱정하고 불안해하는 마음은 끝도 없이 이어진다. 아이의 교육 문제도 그 연장선이다. 아이를 위한다는 마음이 곧잘 성급함으로 이어지곤 한다. 누군가가 좋다고 추천하는 비싼 책을 성급히 사기도 했는데, 소문대로 좋은 책이었지만 무리해서 꼭 사야 하는 책은 아니었다. 무엇보다 스스로 판단해서 샀다기보다 이걸 사지 않으면 남에게 뒤처질 것 같은 마음으로 샀다는 것이 문제였다. 언젠가 책에서 보았던 '사교육은 부모의 불안을 먹고 산다.'라는 구절이 떠오른다. 당시에는 가슴에 새겼으나 막상 부모가 되어 보니 생각처럼 쉽지 않았다. 발달이 느린 아이가 나를 닮아서 그런 게 아닌가 하는 불안이 컸고 느림 DNA만은 물려주고 싶지 않았다.

하지만 시간이 갈수록 분명해지는 것이 있었다. 결국 때가 되면 하게 된다는 것이다. 느림에도 타당한 이유가 있기에 억지로 속도를 내면 안 된다는 것이다. 또한 엄마의 불안은 아이에게 고스란히 전달된다. 초보 엄마의 좌충우돌이 어느 정도 진정되면서 섣불리 불안해하거나 조급해하지 않게 되었다. 엄마의 마음이 편안해야 아이가 정서적으로 건강하게 자랄 수 있다는 걸 절실히 느꼈기 때문이다. 느리다는 것에 예민하게 반응하기보다 느리게 보이는 모습 뒤에 숨었을 가능성과 잠재력을 알아보는 부모가 되겠다는 다짐을 하게 된다. 누구에게나 자신만의 속도와 방향이 있고, 자신에게 맞는 때와 길이 있음을 명심하며.

단 하루도 편히
잠들 수 없던 까만 날들

　산부인과에서 퇴원 절차를 마치고 산후조리원으로 이동하는 차 안이었다. 목적지까지 가는 동안 쉴 새 없이 신호등을 만났다. 가다 서기를 반복했는데, 차가 설 때마다 여지없이 아이가 울어댔다. 카시트에서 우는 아이를 보며 발만 동동 구를 수밖에 없었다. 대학병원 신생아실 면회가 금지되어 아이가 병원에 있는 동안 참 많이 보고 싶었다. 그렇게 그리워하던 아이와 재회한 기쁨도 잠시, 느닷없이 울어대는 아이를 어떻게 달래야 할지 몰라 허둥대는 초보 엄마는 참으로 무기력했다. 병원에서 조리원까지 2km도 채 안 되는 거리가 너무도 멀게 느껴졌다. 덩달아 울고 싶은 마음이었다.

　힘겹게 산후조리원에 도착했다. 아이를 돌봐줄 누군가가 있다는 게 위안거리였고 이 당혹스러운 광경에서 벗어날 수 있다는 안도감이 생겼지만 잠시뿐이었다. 산후조리원에 도착함과 동시에 바로 시작되는 실전 육아가 기다리고 있었기 때문이다. 우유 타는 법, 트림시키는 법, 기저귀 가는 법 등 가장 기초적인 것부터 시작했다. 궁금한 점이 있으면 바로 물어볼 수 있고, 무슨 일이 생기면 언제든 연락을 취할 수 있는 곳이라 큰 의지가 됐다. 그렇지만 초짜 부모의 긴장과 초조함은 여전했다. 그날 밤부터 남편과 나는 난생처음 마주한 이 작고 소중한 생명체를 온전히 돌봐야 하는 현실과 대면했다. 연습 없는 실전이자 리허설 같은 게 있을 수 없는 생방송 다큐였다.

내가 이용한 산후조리원은 외부 병원에서 들어온 아기를 바로 받지 않았다. 하루 정도 입원을 시킨 뒤 대변 검사에서 이상 없음을 확인한 후에야 입소를 허락했다. 그래서 남편과 나는 신생아를 돌보느라 초긴장 상태로 긴 밤을 보낼 수밖에 없었다. 신생아를 2~3시간 간격으로 먹이고 기저귀를 갈아주는 일은 보통 일이 아니었다. 극도의 불안감과 피로감이 몰려왔다. 다행히 아기 변에 이상이 없어 다음 날 오전에 조리원에 들어갈 수 있었다. 코로나19 여파로 남편은 조리원 문 앞에 짐만 내려놓고 가게 됐다. 아기랑 나만 남겨두고 떠나는 남편을 보니 눈물이 왈칵 쏟아졌다. 수술로 인한 훗배앓이 자궁 통증이 심해 몸을 제대로 가누기가 힘들었고, 출산 후 3일 차부터 시작된 젖몸살로 잔뜩 신경이 곤두선 상태였다.

특히 젖몸살은 가히 상상도 못 할 극심한 통증을 동반했다. 젖몸살 조짐을 보이면 통증과 함께 나락으로 떨어지는 듯한 불쾌함이 밀물처럼 몰려왔다. 마음이 극도로 우울해졌다. 게다가 3시간 간격으로 가슴에 전기가 통하듯 찌릿하게 전해오는 고통 때문에 도저히 잠을 이룰 수가 없었다. 한밤중이건 이른 새벽이건 여지없이 잠에서 깨어날 때마다 감지되는 두통도 힘겨웠다. 조금만 지체해도 또르르 가슴에서 모유가 흘렀고 그럴 때마다 기계적으로 몸을 일으켜 유축실로 달려갔다. 밤낮없이 유축실에서 모유를 짜다 보니 마치 매일 젖을 짜내야 하는 젖소가 된 기분이었다.

10년의 난임 동안 무수히 많은 시술을 받으며 온갖 노력을 기울였지만 좀처럼 아이가 생기지 않았다. 조금씩 마음을 내려놓고 체념하고 있던 차에 기적처럼 아이가 생겼고, 그 뒤로도 유산과 조산의 위험이 있어 임신 기간 내내 마음을 졸였다. 지옥 같았던 입덧 기간을 지나 끝내 출산이라는 결승점을 통과했지만, 무사히 아이가 태어났다는 안도감 뒤로도 새로운 레이스가 계속됐다. '조리원이 왜 천국이라는 거지?, 나는 이렇게 힘든데….' 그때는 몰랐다. 조리원이 얼마나 편한 곳인지. 잠시 자리를 비운 사이에 기가 막히게 방 정리를 해주고 삼시 세끼를 차려주며 간식까지 풍성하게 룸서비스 되는 곳이었다. 누구의 간섭도 받지 않고 오로지 산후조리에 집중할 수 있고 아이는 아쉬운 듯 잠시 보면 되는 곳이었다.

  시설이 좋았고 산후조리를 돕는 직원도 옆에 있었지만, 첫 출산을 갓 마친 몸은 한없이 고단했다. 여기저기 몸이 쑤시고 저려 제대로 몸을 가누기가 쉽지 않았다. 무엇보다 모유 수유를 하느라 단 하루도 편히 잘 수 없었다. 신체 리듬이 깨지고 호르몬 변화가 심하니 신경은 극도로 예민해지고 심신도 계속 지쳐 있었다. 지금껏 겪어보지 못한, 차원이 다른 힘듦이었다. 개인의 노력 여하에 따라 달라지거나 통제할 수 있는 영역이 아니었다. 예방 접종을 전혀 할 수 없고 오로지 온몸으로만 버티고 감당해야 하는 일이었다. 어느 정도 통증이 가실 때쯤 산후조리원을 떠나 집으로 복귀했다. 그런데 이내 머릿속이 복잡해졌다. 아무런 도움을 주는 사람 없이 모든 일을 다 해내야 하는 게 두려워졌다. 그제야 산후조리원이 천국이었음을 깨닫게 됐다.

  혼자서 아이를 돌봐야 하는 현실 육아는 진짜 엄마가 되기 위한 통과의례 같았다. 두렵고 조심스럽기만 한 혼자만의 육아 앞에 한없이 초라해진 내 모습이 느껴졌다. 오랫동안 간절히 기다렸던 아이가 생겼다는 기쁨을 만끽할 틈도 없이 몇 개월 동안은 마음 편히 잠들 수 없었다. 울고 보채던 아이가 어느덧 새록새록 잠이 들거나 엄마 얼굴을 보고 생끗 웃을 때면 세상 모든 걸 얻은 양 마음이 부풀어 오르지만, 모성애가 짙어지는 만큼 몸도 버거워지는 게 사실이었다. 아마도 불안함과 막막함, 두려움과 부담감 등의 복잡한 심경이 더 큰 요인이었던 모양이다.

몸이 힘들 때보다 마음이 아파 더 고통스러울 때가 있다. 출산 몇 개월 후가 꼭 그랬다. 갓난아기와 사투 벌이며 편히 잠들 수 없던 시간보다 더 힘든 사건이 생긴 것이다. 앞서 얘기했던 집 문제였다. 그 일로 모든 일상이 정지되었다. 덩달아 이성도 어디론가 멀리 보냈던 것 같다. 피폐해진 몸이 100일 가까운 불면증을 거치며 황폐해졌다. 가슴이 벌렁대 자리에 누워도 잠이 오지 않았고 걱정 근심으로 밤을 꼬박 새우기도 했다. 아기 돌보는 걸 도와주시던 친정엄마도 수척해진 딸 걱정에 어쩔 줄 몰라했다. 마흔이 넘어 엄마에게 폐를 끼치는 것도 송구스러운데 집을 사느냐 마느냐 하면서 부모님 속을 시커멓게 태우게 했다.

그런 와중에도 아침이면 어김없이 몸을 일으켜 출근해야 했고, 파김치가 되어 퇴근하면 다시 아이를 돌봐야 했다. 집 문제로 중개인과 통화하느라 우는 아기를 엄마에게 맡기거나 아기

따로 달래야 했다. 학교에 출근해서는 오전 수업을 마치고 오후에 짬 나는 대로 핸드폰을 끼고 부동산 관계자들과 통화하기 바빴다. 집에서든 직장에서든 핸드폰을 붙들고 집 문제에 매달렸다. 그야말로 정상이 아닌 날들이었다.

살이 쉽게 빠지는 체질이 아닌데, 그 당시 얼마나 힘들었던지 2주 만에 4kg이 빠졌다. 극심한 스트레스를 받았던 까닭에 불면증, 두통, 식욕 저하, 소화불량 등 각종 증상이 나타났다. 불면증에 시달리며 생활 리듬을 완전히 잃고 나니 무던했던 이전의 일상이 결코 당연한 것이 아님을 알게 됐다. 밤에 눈을 감고 아침에 눈을 뜨는 일이 얼마나 다행이고 감사할 일이었는지 새삼 깨닫게 되었다.

임신이 목표였던 시기에는 임신만 하면 얼마나 좋을까, 라고 생각했다. 너도나도 집을 사고 집값이 고공행진 할 때는 집만 사면 모든 숙원이 해결될 줄 알았다. 그런데 몽상이었고 막연한 바람일 뿐이었다. 그토록 바라던 임신을 하고 무사히 출산까지 했는데도 여전히 하루하루가 벅차고 힘들었다. 간절한 염원이었던 집을 샀음에도 불구하고 전혀 행복을 느끼지 못했다. 일상이 마비되었던 그 시간은 인생에서 가장 괴로운 시기로 기억된다. 집이 진정한 내 소유가 되기 위한 여정은 여전히 현재 진행형이다. 아직도 넘어야 할 산이 많고도 많다. 입시와 취업 그리고 결혼, 뒤이어 10년의 난임 끝에 기적 같은 임신과 출산, 울퉁불퉁 고갯길 같았던 육아와 내 집 마련까지. 쉴 틈 없이 노력하고 치열하게 달려왔으나 여전히 깜깜한 터널을 벗어나지 못했고 그 끝도 쉬이 보이지 않는다. 언제쯤이면 쫓기지 않고 편안해질 수 있을까. 하나의 숙제를 끝내면 또 하나의 숙제가 어김없이 나를 기다리고 있는 현실 속에서, 오늘도 쉬이 잠들 수 없을 것 같은 밤이다.

무엇 하나 쉽지 않았던 내가 나에게

빠른 81년생이라 일곱 살에 초등학교에 들어갔다. 그리고 교대에 진학해서는 스물세 살에 초등학교 교사가 되자마자 발령을 받았다. 남들보다 1년 일찍 학교에 들어갔고 재수나 삼수 없이 입시를 치렀기에 또래들보다 1~2년 정도 시간을 번 셈이다. 게다가 IMF 직후인 2000년대 초는 취업도 어렵고 경제도 힘들던 시기 아니던가. 따로 취업 준비를 하지 않고 곧바로 정년과 연금이 보장된 직업을 갖게 되었으니, 아마 남들 보기엔 더없이 순조로운 출발로 보였을 것이다. 하지만 지름길로 향하는 탄탄대로는 아니었다. 인생은 멀리서 보면 희극이고 가까이서 보면 비극이라는 찰리 채플린의 말처럼 말이다. 겉보기에 안정적이었을 뿐 실상은 그리 순탄치 않은 길이었다.

그나마 계획대로 된 것이 대학입시와 취업이라 할 수 있는데 그것 역시 나름의 속사정이 있었다. 입시는 결론적으로는 합격이었지만 살얼음판을 걷는 심정으로 결과를 기다려야 했다. 자칫하면 재수를 해야 할 만큼 아슬아슬한 합격이었다. 아마 한두 해만 더 늦게 입시를 치렀다면 더 높아진 교대 커트라인을 통과하지 못했을 거다. 노력에 따른 결과와는 좀 거리가 있었던 작은 행운이었다. 취업 역시 마찬가지다. 교대를 졸업하려면 임용고사를 보기 전에 모든 과목을 통과해야 한다. 하지만 운동 신경이 없어도 너무 없던 나는 체육과 관련된 모든 활동에서 제약이 걸렸고, 남들보다 더 많은 시간을 들여 노력했음에도 모든 시험과 평가에서 고전했다. 입시 공부를 할 때는 암기력으로 버텼지만, 운동이나 실기는 일말의 요령도 통하지 않았다. 그저 반복하고 또 반복할 수밖에. 낙제를 면하고 중간점수라도 받길 간절히 기도하며 '노오력' 또 '노오오력'을 거듭했다. 그렇게 천신만고 끝에 다음 코스로 발걸음을 옮길 수 있었다.

어찌 됐든 입시와 취업이 죽자 살자 노력으로 간신히 해낸 일이었다면 그다음은 전혀 성격이 다른 통과의례였다. 누군가의 마음을 얻고 누군가를 사랑해 가정을 이루는 일은 노력과 의자로만 되는 일이 아니었다. 운명의 남자를 만나 달뜬 사랑에 빠지거나 화양연화의 격정을 꿈꾸지는 않았다. 연애지상주의를 고집하지는 않았기에 결혼을 해야겠다고 생각하고부터는 제법 많은 소개팅에 나갔다. 어찌 보면 소개팅은 잘 잡히지 않은 술래잡기 같은 거였다. 내게 호감을 표하는 상대가 마음에 들지 않았고 어쩌다 마음에 드는 상대를 만날 때는 그 반대였다. 상대가 꼭 교회를 다니는 사람이었으면 하는 내 바람도 하나의 제약이었다. 매번 똑같은 질문을 주고받으며 상대를 찾고 탐색하는 일은 지루하고 고단한 일이었다. 무엇보다 세상에 대한 가치관이나 결혼관이 부합하는 상대를 고려하는 것도 쉬운 일이 아니었고 현실적인 상황도 고려해야 했다. 결국 인연은 서른에 임박해서야 뒤늦게 만났다. 신앙관과 결혼관이 나와 비슷한 지금의 남편이었다.

입시와 취업, 결혼처럼 책 한 권을 쓰는 것 역시 힘겨운 과정이었다. 책 쓰기가 결코 쉽지 않을 거라 예상은 했지만, 첫 책이 나오기까지 무려 7년이 걸릴 줄은 몰랐다. 직장에 다니면서 틈틈이 원고 작업에 매진해 초고를 거의 완성할 무렵, 예기치 않던 복병을 만났다. 포기하고 있던 임신이었다. 10년의 난임 끝에 찾아온 축복이 첫 책 출간에 약간의 차질을 주었다.

그렇다고 집필을 멈추진 않았다. 특유의 인내심으로 치열한 작업을 이어갔다. 가까스로 완성한 초고가 엉망인 걸 확인하고는 새롭게 쓰느라 애를 먹었다. 입덧이 심해서 반년 이상 묵혀

둔 원고를 더는 방치할 수 없었기에 만삭의 몸이 되어서도 투혼을 발휘해 출산 직전까지 종일 집필에 매달렸다. 난생처음 겪은 출산과 산후 통증이 지난 후 눈코 뜰 새 없는 육아를 하면서도 매일 원고를 매만졌다. 그렇게 악전고투 끝에 완성한 원고가 계약되면서 오랫동안 염원하던 작가가 됐다. 정말로 녹록지 않던 시간이었다.

내 집 마련 과정은 눈물겹고 악몽 같았던 서사였다. 교직원을 대상으로 한 광고 메일를 보고 계약금 천만 원을 보냈다가 부랴부랴 계약을 취소한 일이 있었다. 무주택 교직원 대상으로 일반 분양가보다 싼 값으로 분양한다는 내용이었는데 '교직원 내 집 마련 조합'에서 교원 전산망을 통해 발송한 메일이었기에 좋은 기회라고만 믿었다. 그런데 몇 달 뒤 분양 방식이 불법이라며 해당 아파트 뉴스가 나왔다. 다시 생각해도 아찔한 일이다. 그리고 앞서 얘기한 대로 계약 직전까지 갔던 세종시 아파트를 놓친 건 두고두고 뼈아프다. 세종시 아파트를 놓치고 1년여 후에 계약한 대전시의 재건축 조합 아파트는 지금도 쓰라린 애물단지다.

이렇듯 무엇 하나 쉽지 않았던 여정에 나는 늘 불안했고 초조했다. 온갖 힘을 다 짜내어 쓰고 애쓰고 애써서 가까스로 되는 일이 대부분이었기 때문이다. 대다수 사람에게 그다지 어렵지 않은 일이 유독 내게는 힘들어 절망한 적도 많았고, 고비가 올 때마다 '이것만 지나면 괜찮겠지'라며 버텨낸들 삶은 어김없이 또 다른 숙제를 안겨 주었다. 가장 힘든 미션이었던 임신과 출산을 10년 만에 가까스로 마친 지 얼마 되지 않은 시점에 집을 사면서 인생 속도가 다시 10년 뒤로 늦춰졌다. 누군가가 나를 번쩍 들어 저만치 뒤로 옮겨놓은 기분이다. 나름 성실하게 살아왔는데 너무 심하다는 생각에 상실감으로 휘청거린 게 한두 번이 아니다. 굵직한 문제에 발목이 잡힌 채 숙제하는 기분으로 젊은 시절을 보내는 건 아무래도 억울한 일이다. 학교 선생으로서의 인생도 순풍에 돛을 달고 항해하는 것 같지도 않아 바람 부는 날에는 흔들리는 잎사귀가 되어 풀 죽은 단상에 빠지기도 한다.

   그럼에도 세찬 바람만을 탓하진 않는다. 지독한 자기연민에 빠져 불필요한 근심에 매몰될 만큼 허약하지도 않다. 몇 차례의 풍파를 오로지 온몸으로 겪은 뒤에 생겨난 근력 덕분이다. 불안과 걱정은 삶이 지속되는 한 계속될 것이고 가까스로 허들을 넘기면 또 다른 코스가 주어지는 게 결국 우리네 인생일 테니 말이다. 어려운 문제에 봉착할 때마다 담담하게 지금 내가 할 수 있는 최선이 무엇일까를 생각하게 된 것은 큰 축복이다.

홍역을 치르듯 여러 우여곡절을 겪으며 찾아낸 삶의 지혜이고 매일 책을 접하며 얻은 선물이기도 하다.

2장 | 독서 마디

인생의 기로에서
나는 늘 읽기를 만났다

인생의 기로에서
늘 읽기를 만났다

　내 인생에서 깜깜한 터널 같았던 시기를 꼽으라면 아무래도 난임 기간일 것이다. 무려 10년이라는 긴 시간 동안 아기를 갖지 못해 좌절하고 절망했던 날들. 그 시간은 간절함 뒤에 매번 찾아오는 '또 실패로군.' 하는 체념과 상실감으로 뒤죽박죽이 된 채 희미한 자존감조차 흩뿌려지던 때였다. 그럴 때 책이 내 옆에 있었다. 책이 있어 버틸 수 있었고, 마치 아무 일도 없었던 것처럼 학교에 출근해 동료들 얼굴을 보며 미소 지을 수 있었다.

　어릴 때부터 책을 좋아했고, 어느 순간 1,000권 책을 읽겠다며 마음먹고 3년 동안 실제로 1,000권의 책을 독파했던 지난날들의 화답인지는 모르겠다. 휘청거리는 일상 앞에 든든한 친구가 되어 내 곁을 지키고 있는 책 덕분에 최악의 구역으로까진 건너가지 않았다. 책이 그 길로 가는 걸 막아주었고 대신 휴식과 여백을 주었다. 확실히 소중한 선물이었고 책을 읽는 시간만큼은 답답한 현실은 한 걸음 물러나 있었다. 또 근심과 고민 대신 둔덕 너머의 햇살을 구경하는 평화로움이었다.

 기적 같은 일이 일어나 임신을 했을 때 유산 위험성이 있다는 의사 진단에 수개월 간 마음을 졸여야 했다. 그때에도 늘 책을 끼고 버텼다. 침상 안정이란 게 별 게 아니었다. 침대 위에 읽고 싶은 책 두세 권을 올려놓고 가끔 읽고 싶은 구절을 들춰보는 것으로 충분했다. 대신 TV나 스마트폰은 멀리하려고 노력했다. 인기 드라마를 시청하다가도 마음이 혼란스러워지면 곧바로 전원을 꺼버리고 책을 찾았다. 스마트폰도 마찬가지였다. 전자파가 태아에게 좋지 않을 것이라는 생각 외에도 뭔가 자극적인 것을 전하는 스마트폰을 멀찍이 떨어진 곳에 내버려두고 침대에 눕곤 했다.

 예민한 편은 아닌데 노산이라면 노산이랄 수 있는 나이 마흔의 임신이 무척이나 힘들었던 게 사실이다. 다른 이들에게는 임산이나 출산이 이렇게까지 힘든 일이 아닌데 나만 유독 이토록 고통스러운지 원망하는 마음이 든 게 한두 번이 아니었다. 그럴 때 유일하게 나를 다독여준 것은 한 권의 책이었다. 때로는 바로 옆에 있는 남편이나 친정 식구들보다 편했고 나를 잘 아는 친구보다 내 마음을 잘 헤아려주는 것 같았다. 40대의 늦깎이 엄마가 되어 갓난아기를 키울 때는 불현듯 찾아오는 불안감 때문에 혼란스러울 때가 많았는데, 그때마다 습관처럼 책을 펼쳤다. 책과 함께한 육아였다.

주말이 되어야 아기 아빠인 남편이 집에 들어오는 주말부부인 관계로 주중에는 혼자 집을 지켜야 했기에 더더욱 책을 수호천사인 양 가까이했는지도 모른다. 인상 깊게 읽은 구절을 떠올리거나 독서 노트에 따로 정리해놓은 부분을 참고해가며 육아를 하는 게 나름의 최선이었다. 물론 육아가 꼭 책에서 언급한 내용대로 흘러가는 것은 아니지만 초보 엄마가 참고할 만한 글을 읽을 때면 마음 한편이 든든했다. 아이가 갑자기 울음을 터뜨려도 우는 아이를 5분 정도는 놔둬도 괜찮다는 구절을 떠올리며 침착하게 상황을 대처할 수 있었다.

대학 입시는 처음으로 겪은 거대한 위기였다. 누군들 힘들지 않았겠냐만 그 시절의 모든 상황이 힘에 부쳤다. 매 순간 숨을 참고 사는 것처럼 가슴이 답답했다. 그래서 수능이 끝나자마자 조금의 미련도 없이 입시에 관련된 책을 모조리 내다 버렸다. 원하는 대학에 가지 못해 하향 지원한다 해도 두 번 다시 수능을 보고 싶지 않아서였다. 그런 강박과 불안 그리고 긴장의 연속이었던 입시의 고단함이 절정을 찍었던 고3 시절을 버티게 한 건 수능이라는 결승점뿐이었다. 아침 7시에 시작하는 0교시부터 밤 10시에 끝나는 야간자율학습까지 종일 책상에 붙어 있었다. 항상 잠이 부족했고 매번 숫자로 표시되는 등수와 점수에 피가 말랐다. 수능이라는 정해진 끝이 없었더라면 더는 견뎌내지 못할 것 같았고, 수능만 보고 나면 고생 끝 행복 시작이 되리라 생각했다.

수능을 치른 뒤 상황이 밝지 않다는 걸 알게 되었다. 압박감을 이기지 못한 탓인지 수능 성적이 평소 모의고사 점수보다 훨씬 낮게 나왔다. 울고 싶은 심정이었다. 게다가 지원한 대학의 경쟁률이 예년보다 월등히 높아졌다. 불과 1~2년 전만 해도 교대 합격선이 비교적 낮은 편이었는데 상황이 바뀐 것이다. 가고 싶은 학교가 따로 있었고 교대는 평소 내 성적으로도 무난히 들어갈 수 있다고 여겼던 터라 교대 진학은 만약의 경우를 대비한 차선책이었다. 하지만 그런 나를 비웃듯 교대 합격선은 높게 치솟았다. IMF의 여파 탓인지 교대에 갈 생각이 없었던 학생들까지 대거 몰렸다.

상황이 이렇게 급변하자 초조해졌다. 평소에 가고 싶었던 학교와 학과는 꿈도 꾸지 못하게 되었다. 하는 수 없이 고3 담임 선생님의 권유대로 교대에 진학하게 됐다. 몸값이 높아진 교대는 이제 더 이상 가고 싶다고 해서 갈 수 있는 곳이 아니었다. 그나마 경쟁률이 덜한 곳으로 원서를 썼지만, 합격 문턱이 예상보다 높아져 만에 하나 떨어지면 재수를 해야 했다. 전혀 예기치 않았던 내 인생의 첫 번째 위기였다. 초조한 마음으로 합격자 발표를 기다리던 중 뭐라도 해야 할 것 같은 마음에 성경을 집어 들었다. 합격이 되면 무엇이든 열심히 하겠으니 제발 재수만은 면하게 해달라고 기도하며 성경을 읽었다. 한 구절 한 구절 간절히 읽어나가자 마음이 조금씩 차분해졌다. 꼬리에 꼬리를 무는 부정적인 생각의 굴레를 벗어날 수 있었고, 바라는 대로 될 것이라는 믿음도 생겼다. 그렇게 성경을 읽으며 위기 상황에서의 읽기가 얼마나 큰 힘이 될 수 있는지를 실감한 순간이었다.

성경을 읽는 것 외에 〈이집트 왕자〉라는 영화도 찾아보았다. 이 영화는 구약 성경인 '출애굽기'를 바탕으로 만든 애니메이션이다. 영화의 백미는 바다가 벽처럼 갈라지는 모세의 기적이 나오는 장면인데, 모세가 선봉에 서서 홍해 바다를 지팡이로 치면 바닷물이 쩍 하고 갈라지면서 바닥이 드러나고 길이 생긴다. 이 놀라운 장면과 더불어 더없이 큰 힘이 된 것은 바로 휘트니 휴스턴과 머라이어 캐리가 함께 부른 'When you believe'라는 영화 주제가였다. 가수의 음색과 노래도 좋지만 특히 가사가 귀에 꽂혔다. 후렴에 나오는 'You will when you believe(믿으면 이루어진다)'라는 문구가 가슴에 와닿아 후렴을 수없이 반복해서 불렀다.

이 간절한 염원이 통한 것일까. 원하던 결과를 듣게 됐다. 다행히도 지원한 교대 두 곳에 모두 합격한 것이다. 이후 일상이 힘들고 휘청거린다고 느낄 때면 이때를 회상한다. 간절한 마음을 꾹꾹 담아 성경을 읽고 'When you believe' 주제가를 무한반복으로 듣고 불렀던 그 시절의 간절함을 떠올린다. 읽는 힘을 통해 인생의 위기를 극복해본 경험이 큰 힘이 되었다는 자각 때문이었다. 대학 진학 이후에도 방학이면 시간을 내 성경을 정독했다. 인생의 첫 고비를 무사히 넘게 해준 '성경'에 고마운 마음을 담아서 말이다.

이렇듯 인생의 기로에서 늘 읽기를 만났다. 난임 기간에도, 대학 입시의 첫 난관에서도, 첫 직장 발령 후 모든 것이 낯설고 벅찰 때도, 나와 맞지 않는 주변 환경과 사람들 틈에서 괴로운 날들을 보낼 때도 조용히 책을 집어 들었다. 그렇게 홀로 읽는 시간을 가지며 고요히 읽기의 세계로 나아갔다. 인생을 살아가는 데 있어 예기치 못한 상황에 부딪히거나 뜻하지 않은 위기를 만났을 때 사람마다 반응하는 행동 패턴은 다양할 것이다. 내 선택은 독서였다. 수많은 선택지 중에 왜 독서를 택했는지 곰곰이 생각해보았다. 책을 읽기 힘든 상황에서도 결코 책을 놓지 않을 정도로 책은 '비상구'이자 '탈출구'였다. 바쁜 일상 중에서도 책 읽는 시간이 가장 편안하고 행복할 만큼 책은 소중한 '안식처'였다. 독서는 가장 좋아하는 일이자 제일 몰입되는 일이었고, 그만큼 더 잘하고 싶은 열망이 생기는 일이었다. 또한 책을 읽을 때는 있는 그대로의 내가 될 수 있었고 가장 나다운 모습으로 존재할 수 있었다.

세상의 속도에서 낙오되거나 인생의 과업에서 느리고 늦은 나라도 책 읽는 시간만큼은 더없이 활기차고 생기가 있었다. 책을 고르거나 빌릴 때는 아무리 피곤해도 몸이 일으켜졌고, 누군가에게 책을 추천하거나 책과 관련된 대화를 할 때만큼은 자신감이 넘쳤다. 그렇게 책과 함께라면 좀 더 나은 내가 될 수 있었다.

인생의 기로마다 책을 읽는 내가 되어 보니 내 삶에도 대나무처럼 마디가 생겼다. 바람이 불어 흔들릴지언정 꺾이거나 부러지지 않는 마음의 중심축이 생겼다. 오늘도 삶의 마디를 이어나가기 위해 한 권의 책을 고른다. 삶의 고비마다 마디이자 버팀목이 되어준 책을 놓지 않는 게 나름의 생존비결이다. 읽는 내가 되었기에 오늘의 내가 있다.

11년 차 직장인, 왜 아직도 일이 버겁지?

첫 발령을 받았던 해가 2003년이니 초등학교 교사로 근무한 지는 20년이 됐다. 육아휴직 1년과 난임 치료를 위한 질병 휴직 2년을 빼면 17년을 근무한 셈이다. 그런데도 17년이나 근무를 했다는 사실이 믿기지 않는다. 17년 근무 기간 중 가장 힘들었던 시기가 있다. 바로 11년 차 직장인으로 세 번째 발령을 받은 학교에 근무할 때였다. 보통 초등학교 교사들은 한 학교에서 5년간 근무하다가 다른 학교로 로테이션 된다. 세 번째로 발령받은 학교는 교통이 불편하고 규모도 작지만, 집에서 가깝다는 장점 때문에 선택한 곳이다. 하지만 근무를 시작하자마자 난관에 부딪혔다.

세 번째 학교는 시설도 쾌적한 편이었고 아이들도 착해서 좋은 점도 있었으나 나를 힘들게 하는 요인들이 많았다. 일단 업무가 이전에 거쳐온 학교와는 비교가 되지 않을 정도로 많았다. 도서관을 총괄해 관리하는 업무부터 시작해 독서교육 커리큘럼을 짜고 행사를 진행하는 일, 문예활동을 주도하고 학교 문집을 작성하는 일까지 모조리 혼자 해야 했다. 이전 학교에서는 3명이 하던 일이다.

무엇보다 힘들었던 건 교장 선생님이었다. 오랜만에 1학년 담임을 맡아 학생 지도만으로도 벅찼는데, 매번 프린트한 문서를 들고 결재를 받기 위해 교장실로 가야 했다. 교장 선생님 스타일상 전자문서시스템은 형식일 뿐 문서를 올리기 전 사전 상의가 필수였기 때문이다. 게다가 교장 선생님은 학교 행사를 외부에 알리는 보도자료 작성 건수를 성과급에 반영할 정도로 대외적인 학교 실적에 열을 올리던 분이었다.

과중한 업무와 깐깐한 관리자 외에도 마음을 괴롭게 하는 요인이 또 있었다. 인간관계에 따른 불편함이다. 세 번째 학교에 재직하고서 오랫동안 기존 동료 교사들과 잘 어울리지를 못했다. 대개 학교를 옮길 때 새로운 교사들이 여러 명 들어가면 이런 일이 덜하지만, 홀로 새 직장에 부임할 때면 이처럼 소외감을 느낄 만한 상황이 더러 생긴다.

그러다 보니 업무처리 면에서도 위축되었다. 이전에 근무했던 학교에서는 연구대회나 학생 지도실적 성과를 두텁게 쌓으며 나름대로 열정 있고 능력 있는 교사로 인정받았다. 그런데 이곳은 하나의 분야를 책임지고 오래 맡는 시스템이 아니라, 다방면으로 신속하게 업무를 감당하는 시스템이었다. 한 분야에 매진해 꾸준히 성과를 내는 것에 적합한 성향이었던 나는 빠르게 업무를 처리해야 능력을 인정받는 이 학교에 적응하기가 쉽지 않았다. 결국 학교 업무에 뒤처지면서 자신감을 잃고 말았다.

게다가 선배들은 물론 후배들까지 야무지게 일을 잘하는 모습에 더욱 위축되었다. 다들 복잡한 계획서를 순식간에 작성해 내고 돌발 상황이 많은 공개수업에서도 노련하게 대처하는 게 한눈에 보였다. 학교 행사도 마찬가지였다. 주도적으로 일을 처리하는 광경이 일상적으로 포착되었고 불편하고 어렵기 그지없는 교장 선생님과도 비교적 잘 지내는 모습이었다. 이토록 학교와 맞지 않다는 생각이 드는 건 처음이었다. 적성에 딱 맞진 않아도 그럭저럭 잘 버티면서 왔다고 생각했는데 직장생활이 버거워지자 회의감이 몰려왔다.

노력하지 않았거나 최선을 다하지 않았다면 덜 억울했을 것 같다. 아침도 거르며 매일 새벽 출근을 감행했고 퇴근 시간이 훌쩍 넘어서까지 일했다. 누구도 새벽 출근을 알아주지 않는 것 같아 지치고 외로웠다. 자연스레 이전 학교 생각이 났고 살뜰히 챙겨주시던 선배들이 그리웠다. '그때는 일하느라 늦게까지 남아도 학년 연구실에서 동 학년 선생님들과 같이 회포를 풀다 보면 피곤도 가시고 스트레스도 풀렸는데….' 나를 아껴주고 인정해주었던 교장 선생님도 떠올라 눈물이 왈칵 났다. 다시 그곳으로 돌아가고 싶었다. 여기서 살아남을 자신이 없었다. 그렇지만 포기할 순 없었다. 당장 직장을 그만둘 수 있는 것도 아니고 마냥 손 놓고 5년이 지나가기만을 바랄 수만도 없었다.

언제나 그랬듯 위기의 돌파구가 될 수 있는 책을 찾았다. 넘치는 업무로 바쁜 와중에도 짬을 내 학교 도서관에서 책을 읽기 시작했고, 밥을 먹거나 화장실을 가는 시간 빼고는 수불석권하며 시간을 보냈다. 주말처럼 쉬는 날이나 시간적 여유가 있는 방학 때 종종 책을 읽었지만, 직장생활 틈틈이 이토록 뜨겁게 독서를 했던 적은 처음이었다.

돌이켜보니 그동안 일로만 도서관과 책을 대했다는 걸 알게 되었다. 바쁘게 도서관 업무를 하고 아이들이 책과 친해지도록 독서지도를 하면서도 정작 자신은 책을 가까이하지 못했다. 마음이 지친 채 길을 잃고 헤매던 나야말로 책이 가장 필요한 사람이었는데도 말이다. 책에 나오는 말처럼 사람은 어리석게도 인생이라는 호수에 '위기'라는 돌이 던져지고 나서야 비로소 행동하는 모양이다. 회의감으로 가득했던 시간을 뒤로 하고 책을 읽으며 공허한 마음을 채웠고, 100일간 33권을 읽는 프로젝트를 단행했다. 그 결과, 독서를 꾸준히 하는 습관을 체득할 수 있게 되었다. 책을 읽는 순간만큼은 조금도 외롭지 않았기에 점차 힘을 냈고, 잃었던 자신감도 조금씩 회복했다. 동료 교사들과 비교하는 내가 아니라 스스로 독려하고 조금씩 나아가는 나를 만들기 위해 분투하는 시간이었다.

새로운 학교에서 치열하게 책을 읽으며 마음가짐과 자세를 달리한 것만으로도 큰 수확이었는데, 독서를 하면 할수록 더욱 분명해지는 생각이 있었다. 그것은 '어쩔 수 없이 버티며 학교에 다니는 사람'이 아니라 '내가 원하는 시점에 내가 원하는 모습으로 학교를 떠날 수 있는 사람'이 되겠다는 생각이었다.

나 역시도 여느 선생님과 다를 바 없이 승진을 바라며 연구대회와 보고서 점수 등을 차곡차곡 쌓아오고 있었다. 하지만 결핍을 느끼며 위기의식에 직면한 자신을 구원하기 위해 책을 읽게 되면서 외부 조건이나 이력에 집착하지 않기로 했다. 과거의 업적과 쌓아온 커리어보다 더 중요한 것을 발견한 것이다. 현재의 내가 어떤 사람인지 아는 것과 앞으로 어떤 사람이 될 것인지에 관한 생각이었다.

"그때 쌤 진짜 열심히 했잖아요. 온갖 대회랑 상은 선생님이 다 휩쓸었던 것 같은데, 언제부터 이렇게 변한 거예요?" 두 번째 학교에 이어 세 번째 학교에서 만난 후배가 나를 보고 의아해했다. 그녀는 나의 입상성적과 이력들이 못내 아깝다는 표정이었지만 나는 더없이 마음이 후련하고 편했다. 비 온 뒤에 땅이 굳듯 세 번째 학교에서 뜻밖의 위기를 겪으며 견고해졌고, 치열한 삶의 의미를 새기며 생각과 의식이 커졌다. 기존에 가졌던 관념이나 당연하다고 여기던 것에 질문을 던지는 사람이 됐고, 관성적인 틀과 한계를 깨는 발상을 할 줄 아는 사람으로 변모했다. 희열이었다. 학교생활도 많이 달라졌다. 관계로 인한 어려움이나 불편함이 사라졌고, 존경할 만한 선배와 재능 있는 후배가 많은 직장이라는 생각에 든든한 마음이 생겨났다.

새로운 근무지에서 느낀 고립감과 절망감은 절체절명의 위기였지만, 그것을 계기로 조금 더 진지한 삶으로의 채찍질을 할 수 있게 되었고 책을 통해 어려움을 헤쳐나갈 용기와 희망을 품을 수 있었다. 직장생활에 회의를 느끼거나 삶이 송두리째 흔들리는 상황에 놓여있다면 '읽기'를 권하고 싶다. 살면서 한 번쯤 치열하게 읽는 삶을 살아본다면, 읽기 전과 후가 확연히 다름을 알게 될 것이니 말이다.

열심히 노력해도
되지 않는 일들

한때 '스트릿 파이트 우먼(street fight woman)', 일명 '스우파'라는 댄스 경연 프로그램에 푹 빠진 적이 있다. 멋진 동작을 어쩜 저렇게 노련하게 할 수 있을까… 댄서들의 다채로운 몸짓에 감탄이 절로 나왔다. 밤에 영상을 몰아서 보느라 다음날 늦잠을 잘 정도로 이 프로그램에 깊이 매료되었다. 참가자 모두가 개성을 뽐내며 다양한 매력을 발산했는데, 그중에서 깊은 인상을 준 사람은 대한민국에서 걸스힙합이라는 춤 장르를 대표하는 인물 중 하나인 '허니제이'였다. 같은 여자가 봐도 한눈에 반할 정도로 카리스마가 넘치고 힙했다. 하지만 수준 높은 안무를 선보였음에도 불구하고 결정적인 순간마다 미끄러졌다. 경쟁에서 번번이 패한 허니제이는 결국 실력에 비해 결과가 따라주지 않는 불운의 인물이 되고 말았다.

　그녀는 점점 자신감을 잃고 지쳐갔다. 자신의 안무에 확신이 없어 갈팡질팡하기도 했고, 자신이 지금까지 해온 방식을 의심하기도 했다. 그녀와 그녀의 팀원들은 매번 혼신의 힘을 기울였다. 그녀와 경쟁하던 다른 스우파 팀들도 마찬가지였다. 누군가는 반드시 탈락해야 하는 토너먼트식 경쟁이고 서바이벌 게임이었기에 어쩔 수 없이 누군가는 이 프로그램을 떠나야 했다. 각자 열심히 노력해도 결국 한 팀만이 승자가 되는 스우파 프로그램은 우리 삶과 많이 닮아 있다. 모두가 승자가 될 수 없고 열심히 하는 것과 비례해 상황이 흘러가지 않는다. 아무리 애써도 되지 않는 일이 있고 최선을 다한다고 해서 그에 응당한 결과가 매번 따르지도 않는다.

　최선을 다하고 온 힘을 쏟아부어도 좀처럼 문이 열리지 않았던 경험이 나에게는 임신이었다. 무려 10년 넘게 간절히 매달리고 노력했지만 결국 포기할 수밖에 없었던 일이었다. 부모가 되고 엄마가 될 기회가 쉽게 주어지지 않았고, 그래서 한동안 하늘을 원망하고 자신을 책망했다. 최가을 저자의 『결혼하면 애는 그냥 생기는 줄 알았다』를 읽으며 책 제목처럼 결혼만 하면 임신이 자연스럽게 되는 줄 알았다. 난임 병원에 다니는 사람들을 보고도 그저 남의 일이라 생각했고, 신혼 때는 오히려 금방 아이가 생길까 봐 지레 걱정하기도 했다. 결혼 3년 차가 되어 본격적으로 난임 병원에 다닐 때도 한두 번 시험관 시술을 시도하다 보면 금방 아이를 가질 거라 믿었다. 하지만 예상과 달리 기다리던 임신은 되지 않았고 거듭된 실패에 초조해지고 흔들렸다. 급기야 내가 임신을 할 수 있는 사람인지에 대한 가능성마저 의심하게 되었다.

그동안 다닌 병원만 세 군데고 한의원은 다섯 군데를 옮겨 다녔다. 난임 시술은 수십 번을 했고, 그동안 임신을 위해 소요된 비용만 해도 천 단위를 훌쩍 넘는다. 비용도 그렇지만 수치로 환산되지 않는 시간과 에너지 낭비는 어떤가. 바쁘게 일하는 중에 먼 지역에 있는 병원을 수소문해 찾고 상담했던 시간, 주사를 너무 무서워하는지라 자가 주사를 몸에 놓을 때마다 느꼈던 공포와 스트레스. 무엇보다 힘들었던 건 이번에도 실패했다는 절망감이었다.

대전에서 대구를 오갔던 여정이 떠오른다. 대전과 광주를 거쳐 마지막이라고 생각하고 간 병원이 대구에 있었고, 병원 진료가 있는 날이면 새벽 5시경에 일어나 6시쯤 지하철을 타야 했다. 대전역에서 기차를 타고 자리에 앉으면 그제야 긴장이 풀리며 잠이 쏟아졌다. 온종일 긴장한 채로 병원에서 진료를 받고 대전까지 먼길을 돌아왔다. 그런 고단한 일상이 무한 반복됐다. 진이 빠져서 손가락 하나 까딱할 힘도 없는 상태로 소파에 쓰러지곤 했다. 축 늘어져 몇 시간을 누워 있어야 겨우 일상생활을 할 수 있을 정도였다.

난임을 극복하기 위해 안 해본 노력이 없다. 친구가 알려준 난임 카페에 들어가서 임신에 성공한 사람들의 수기를 마치 입시나 고시 공부를 하듯 모조리 섭렵했다. 착상에 좋다는 추어탕이나 포도즙 등을 챙겨 먹었고 유산 회복에 좋다는 흑염소와 잉어까지 챙겨 먹었다. 바디워시 같은 화학제품을 일체 사용하지 않겠다는 생활수칙을 철의 수문장이 되어 지켰다. 또 간절한 마음으로 특별 새벽 기도와 100일 작정 기도 등 기도란 기도는 모두 섭렵해 봤다. 마치 광신도가 된 것처럼 맹렬한 몸부림으로 갈망했지만 열리지 않는 그 문은 요지부동이었다.

끊임없이 시도하면 언젠가 되리라 여겼던 믿음과 희망이 희미해질 무렵, 열심히 노력하고 간절히 바라도 되지 않는 일이 있다는 걸 절감하게 되었다. 반복되는 시술에 몸이 더 버티지 못하는 상태가 되자, 속절없이 기다려도 어김없이 실패로 끝나는 암담한 현실에 마음도 병들어갔다. 새 생명도 중요하지만, 그 생명을 품을 내 몸을 지켜야 했다. 결국 30대를 다 바치다시피 한 임신 준비를 그만두었다. 결과는 실망스러운 것이었지만 혼신의 힘을 다한 10년이기에 조금의 미련이나 후회를 남기지 않았다.

　이토록 마음을 다해 온 힘을 쏟아본 일이 인생을 살면서 몇 번이나 있을까. 비록 심신은 지칠 대로 지쳤으나 그 결정을 내린 순간만큼은 후련했다. 숨이 크게 쉬어지며 비로소 살 것 같았다. 누군가는 그때의 결정을 포기라고 할 수도 있을 것이다. 그렇다. 확실히 낙담하고 포기한 거였다. 하지만 간절함을 내려놓는 것 또한 쉬운 일이 아니다. 포기를 선택하는 것도 하나의 용기다. 울퉁불퉁한 길모퉁이에서 익숙한 나를 버리는 게 어찌 쉬운 일일까.

　그렇다면 아무리 노력해도 되지 않는 일, 미친 듯이 질주해도 잡히지 않는 일, 죽을 만큼 가쁜 숨을 내뿜어도 결과가 나오지 않아 더욱 억울하고 속상한 일들이 모두 쓸데없는 일일까? 도전 뒤에 따르는 실패로 도저히 회복이 어려울 것 같았던 시간에는 무조건 부정했다. 어리석은 자신을 책망하면서. 하지만 그 시간이 지난 뒤 어느 경계에서 가끔은 과거의 간절함이 화답하는 소리를 듣게 된다. 모든 일이 그렇듯 끝날 때까지 끝난 게 아닌 것처럼. 오늘은 낙담해도 내일은 어떻게 될지 모르고 하나의 문이 닫히면 새로운 다른 문이 열리듯이.

　앞서 말한 허니제이도 그렇다. 누구보다 열심히 노력했으나 스우파 초반부터 고전을 면치 못하며 탈락 위기까지 갔던 허니제이는 무수한 시행착오와 시련 끝에 끝내는 감격의 우승 트로피를 거머쥐었다. 그 장면을 지켜보면서 전율하지 않을 수 없었다. 그녀의 팀 '홀리뱅'은 대중 점수를 낮게 받아 위험한 고비를 맞기도 했고 춤으로 전달하려는 메시지가 어렵다는 심사평에 휘청거리기도 했지만, 팀의 정체성을 지켜냈다. 그리고 승리의 주인공이 됐다. 반전은 나에게도 있었다. 모든 것을 내려놓고 심신을 회복해가던 시기에 생각지도 않았던 희소식이 날아왔다. 자연 임신이었다. 놀랍게도 그때 생긴 아이는 나처럼 책을 좋아한다. 해맑게 웃으며 초롱초롱 눈빛을 쏘아 책을 읽는 그 아이는 3년이라는 육아 시간에 힘겨웠던 10년의 분투기를 모두 안고 있는 아이다. 소중했던 30대 청춘의 피땀이 내게 투영된 너무나 소중한 아기다. 울퉁불퉁 고개를 힘겹지만 끝내는 넘었던 그 길 어느 경계에서 가끔씩 잠든 아이를 보며 웃는다. 그리고 사랑한다는 말을 전한다. 해피엔딩을 가져다준 아이에게 고맙다고 말한다. 먼 훗날 아이가 성장해 엄마와 커피 한잔을 할 수 있는 날에 이 이야기를 영화처럼 얘기할 거라고 속삭인다.

자신의 결말을 섣불리 예단하지 않는 건 결코 쉬운 일이 아니다. 용기 있고 끈기 있어야 하며 반전과 기적이 있음을 굳게 믿어야 하기 때문이다. 결과가 내 편이 아니고 실패가 눈앞에 보여도 끝까지 완주한 경험이 있어야 한다. 때로는 완주가 쓰디쓴 경험과 아픔만 남은 폐허일 때도 있겠지만, 그것으로 그치지는 않을 거라 믿어야 한다. 이는 결과에 대한 집착과는 다르다. 전혀 예상치 못한 순간에 뜻밖의 결과와 마주하는 건 요행일 수 없다. 어느 순간 삶의 중요한 빛을 발하며 성장하는 자신을 발견하는 건 대개 뒤늦게 이뤄지는 경우가 많다. 완주를 경험한 자에게 보내는 저 멀리서의 선물이라 생각해본다.

10년 만에
난임 대학을 졸업했습니다만

새벽 2시가 조금 넘은 무렵이었다. 불현듯 눈이 번쩍 떠졌다. 한밤중에 잠이 확 달아날 정도로 속이 좋지 않았다. '왜 이러지? 몸이 너무 이상한데….' 유독 느낌이 이상한 것 같아 마지막 하나 남은 임신 테스트기를 뜯었다. 습관적인 행동이었고 매번 실망만 안겨주었던 터라 손길이 가벼울 리 없었다. 미련한 집착 따위는 이제 버리겠다고 마음먹은 지 오래였기에 테스트기를 뜯는 순간에도 초라한 마음이 밀려왔다. 그런데 놀라운 일이 벌어졌다. 선명하게 그어진 빨간 두 줄이었다. 믿기지 않아 졸린 눈을 부비며 다시 살펴봐도 분명 두 줄이었다. 어리버리 불쌍한 이등병 계급장 표시 같은 한 일(一) 자와 천양지차가 있는 두 줄이었다.

이 믿을 수 없는 사건 앞에 당혹감이 먼저 다가왔다. 혹 새벽이라 꿈을 꾸고 있는 게 아닌지 몽롱한 기분마저 들었다. 이 순간을 간절히 상상했던 날들이 스쳐 지나갔다. 이런 날이 오면 기쁨에 겨워 덩실덩실 춤이라도 출 줄 알았으나 전혀 그런 기분은 아니었다. 왜 그랬을까? 오랫동안 무거운 짐을 다 내려놓고 임신 자체를 포기하고 있던 때였기에 그랬던 것인지. 그 두 줄이 제법 긴 시간 동안 삶의 일부였던 병원 진료를 잊고 비교적 안온한 일상에 찾아온 불청객이었던 것인지.

기쁨 이전에 당혹감이 먼저 찾아온 새벽을 보내고 나서야 정신이 들었다. 마침내 아이를 갖게 되었다고! 하지만 테스트기 결과가 임신으로 나왔다고 섣불리 확신할 순 없었다. 그동안 기대가 실망으로 바뀌는 경험을 수도 없이 했기 때문이다. 남편에게만 테스트기 사진을 전송하고 다른 누구에게도 알리지 않았다. 그리고 며칠 후 조용히 산부인과를 찾았다. 불과 5개월 전에 태아의 심장이 뛰지 않는 비정상적인 임신으로 수술을 받았던 곳이다.

태아 심장 소리 들리시죠? 아주 빠르게 잘 뛰고 있어요.

믿을 수가 없었다. 태아의 심장 소리라니, 그것도 아주 건강하다니…. 일전에 난임 병원에 다닐 때도 가끔 임신이 되긴 했지만 임신 초기에 계속 유산이 되곤 했다. 태아 심장 소리 한 번 들어보게 해달라고 그토록 바랐는데 그 간절했던 소원이 현실이 되었다. 소식을 기다리고 있을 남편에게 문자를 보냈더니 바로 전화가 왔다. 대기실 한쪽에서 앉는 것도 서는 것도 아닌 엉거주춤한 자세로 전화를 받았는데, 전화기 너머로 기뻐하는 남편의 목소리가 들렸다. 눈물이 난다며 진심으로 감격해하는 남편 말에 10년의 세월이 주마등처럼 스쳐 지나갔다.

 꿈에 그리던 임신이 되면서 결국 10년 만에 난임 대학을 졸업했다. 보통 드라마도 이쯤 되면 해피엔딩으로 마무리된다. 주인공의 고생이 끝나고 행복이 시작된다고. 하지만 드라마 같은 결말이 현실에서 순순히 전개될 리 없다. 임신의 기쁨을 만끽하기도 전에 지옥의 입덧 문을 열게 되었다. 임신만 할 수 있다면 입덧쯤이야 충분히 감내할 거라고 수없이 다짐했었다. 무슨 다짐인들 못 했을까. 그렇지만 막상 입덧하게 되면서 지금껏 경험하지 못한 고통이 몰려왔다. 뱃멀미를 하는 것처럼 속이 울렁거리는 상태가 계속됐고 임신 초기인 12주가 지나도 나아질 기미가 없었다. 그나마 잠을 잘 때는 입덧의 고통을 잠시 잊을 수 있었지만, 도저히 숙면을 하기 어려웠다. 속이 계속 불편해 자다 깨기를 반복할 수밖에 없었고, 그만큼 입덧으로 고생하는 시간이 늘어났다. '왜 나는 이리도 모든 게 수월하지 않은 걸까? 입덧이 거의 없는 산모도 있고 임신 초기에만 입덧이 있는 게 대부분이라는데, 나는 왜 입덧에서도 고통의 최고점을 찍고 있을까?' 입덧 약이 무용할 정도로 증상이 심했던 나는 결국 출산하는 날까지 입덧을 달고 살았다.

출산 전날까지 즐겨보았던 드라마가 있다. 바로 '슬기로운 의사생활'이다. 아무래도 드라마 내용 중에 산부인과 이야기가 나오면 더 몰입하곤 했는데, 잊을 수 없는 장면이 있다. '항인지질항체증후군'이라는 희귀병을 앓고 있는 산모가 나오는 장면이었다. 이 질환은 혈액이 몸 안에서 굳는 병이다. 평소에는 병이 있는지 모르다가 임신을 하면서 알게 되는 경우가 대부분인데, 산모가 이 질환을 앓게 되면 태아에게 매우 치명적이다. 산모의 혈액이 굳게 되면 태아에게 공급되는 산소와 영양분이 막혀 태아의 생명을 위협하기 때문이다. 그런 이유로 항인지질항체증후군을 앓고 있는 산모는 체내의 피를 묽게 만드는 주사나 약물로 유산의 위험성을 낮춰야 한다.

드라마 속에서는 자신이 그 생소한 병을 앓고 있었는지조차 몰랐던 어느 산모가 등장한다. 그 산모는 임신 후 병원 치료를 받던 중 자신이 그 병에 걸린 걸 알고서 오열한다. 그 장면에서 주르륵 눈물이 났다. 어렵게 얻은 아이를 몸속에 안고 살아가는 산모였기에 느꼈던 동병상련의 마음이었다. 더욱이 '항인지질항체증후군'이라는 긴 병명을 가진 그 질환이 아이의 생명을 위협한다는 자체가 무서웠다. 그 산모의 감정이 이입되는 순간, 마치 내 아이가 위협받지는 않을까 하는 두려움이 엄습했다.

아는 사람이 극히 드문 이 병명을 즐겨보던 드라마에서 듣고 화들짝 놀랐다. 그 희귀질환은 바로 내가 앓고 있는 병이기 때문이다. 처음엔 그저 멍했다. 주사 처방을 들을 때도 남의 일 같았다. 병원 1층 데스크에서 처방받은 주사를 한아름 받아들고서야 비로소 실감이 났다. 지옥 같은 입덧과 함께 항인지질항체증후군이라는 희귀질환자로 판명이 났을 때 '난 역시 쉽게 되는 게 하나도 없구나' 싶었다.

임신이 확실하다는 희소식의 기쁨도 잠시, 산부인과에서의 정밀 피검사에서 비정상으로 판명된 항목이 있어 다시 류마티스 내과 진료를 받게 되었다. 그리고 거기서 길고 낯선 병이 내 몸속에 있다는 걸 들었다. 내과 전문의조차 두꺼운 의학책에서나 볼 뿐 실제로는 보지 못했다는 이 병이 나의 병이라니. 주사라면 치를 떠는 나에게 또다시 고생길이 열렸다. 피를 묽게 만드는 헤파린 주사를 매일 맞아야 했다. 그 주사는 다른 주사보다 아프고 까다로웠다. 누가 작정하고 세게 꼬집는 것만 같았고 바늘을 조심해서 빼지 않으면 피가 철철 넘쳤다. 지혈도 꽤 오랜 시간 지속해야 했다. 그렇지 않으면 멍이 들어 오랫동안 붓기가 가라앉지 않는다.

난임 치료 기간에 자가 주사를 놓던 경력도 화려했는데 하다못해 헤파린 주사까지. 아이를 품은 배는 순식간에 붉은 주사 자국과 시퍼런 멍으로 가득 찼다. 주사 처방을 받은 날은 출산을 230여 일이나 앞둔 시점이었다. 23일이 아닌 무려 230일. 남들은 설렘으로 기다릴 출산 디데이가 내게는 앞으로 맞아야 할 주사의 숫자였다. 너무 잔인한 일이었다. 임신이라는 깜짝 선물 뒤에 받아든 출산 직전까지의 폭풍 입덧과 230여 일의 헤파린 주사! 안정적으로 임신 상태를 유지하는 자체가 험난한 길이었다. 긴 고생 끝에 종착지에 도착했다고 여겼는데 그보다 더 힘든 고행길이 가로막을 있을 줄은 꿈에도 상상하지 못했던 일이었다.

아무런 예고도 없이 찾아오는 슬픔, 그것도 오로지 맨몸으로만 감당해야 하는 불행 앞에 숨조차 쉴 수 없었던 날들이 계속되었다. 몸을 숨기고 웅크리고 있는 복병이 나를 덮쳤다. 인생의 마디마다 복병이 숨어 있는 것일까? 초등학교 졸업 뒤에 바로 이어지는 입시 준비, 수능까지의 고단한 입시전쟁, 입시보다 더 치열한 취업 전선, 힘겨운 직장생활과 결혼, 한 치 앞을 내다볼 수 없었던 임신과 출산 그리고 난데없이 찾아온 희귀병. 무려 10년 만에 난임 대학을 졸업한 내게 너무나도 가혹한 일들. 어렴풋이 알고는 있었지만 오로지 경험하고 견뎌야만 하는 일들. 참으로 녹록지 않은 우리네 삶이다.

그럼에도 그 시간을 버텨냈다. 따끔한 헤파린 주사와 기분까지 우울해지는 입덧에서 해방될 날을 손꼽으며 200여 일을 감내해 마침내 출산이라는 결승점을 통과했다. 아기를 포기하고 싶다고 생각할 정도로 속이 미친 듯이 울렁대는 극심한 상태를 매 순간 겪으며 말이다. 그런 자신이 대견하다. 세상의 모든 엄마는 마라토너라는 생각이 든다. 열 달간 생명을 품으며 출산까지 완주한 셈이니까. 난임 대학 졸업장뿐 아니라 자칭 '장한 어머니상'을 자신에게 건네고 싶다. 극한 상황에서도 결코 아기를 포기하지 않았기에. 고생한 만큼 더 단단해지고 성숙해지는 느낌이다. 그것이 아이와 함께 받은 값진 선물이라 생각한다.

읽는 삶이 아니라면
나도 존재하지 않아

2022년 9월경이다. 추석 명절을 보내고 집으로 돌아온 지 얼마 되지 않는 날이었다. 갑자기 배를 쥐어짜는 듯 강렬한 복통이 일어났다. 서둘러 병원에 갔더니 유산이 진행 중이라는 말을 들었다. 둘째의 임신을 확인한 지 불과 일주일이 지난 시점이었다. 부랴부랴 학교에 사정을 알리고 수술 날짜를 잡았다. 응급수술이 끝난 후 통증이 잦아졌을 때 비로소 정신이 차려졌다. 둘째는 입덧 대신 식욕이 왕성해진 먹덧이라 신기했고 아이를 낳으면 토끼띠가 된다며 좋아했었다. 계획한 임신은 아니었으나 연이은 새 생명에 대한 기대감이 높았다. 하지만 그 설렘은 불과 열흘을 넘기지 못했다.

유산이었다. 또 거친 산행길에 나선 기분이었다. 통증을 참는 건 큰 문제가 아니었다. 첫 아이를 임신했을 때보다 통증의 총량에서 차이가 났고 수술과 약 처방으로 해결할 수 있었다. 하지만 상실감은 어찌할 도리가 없었고, 예상보다 묵직하게 심장을 두드렸다. 역시나 의지할 곳이 책밖에 없었다. 책을 또 열심히 찾았다. 진통제나 수면제를 찾지 않는 건 분명 축복이었다. 책은 현실과 마주하기를 꺼리는 도피처가 아니다. 오히려 그 반대편에 서서 나아갈 곳과 쉬어 갈 곳을 친절히 알려주는 '키다리 아저씨'였다. 차근히 책이 전하는 소리에 귀 기울이다 보면 그 친절한 목소리를 듣게 된다. 마음이 한결 차분해지는 것은 현실을 버티는 에너지를 충전하는, 가장 아름다운 쉼터에 도착했다는 신호였다.

유산은 세상에서 가장 슬픈 일 중에서 손꼽히는 일인 게 분명하다. 아무리 겪어도 익숙해지지 않는 일이고, 반복되면 상처 난 그 자리에 다시 더 큰 상처가 덧나는 천형 같은 것이다. 유산 후 5박 6일 동안 병실 신세를 지게 되었다. 아이를 지키지 못한 죄인이 된 심정으로 한동안은 멍한 상태로 누워 있었다. 미리 준비한 책을 꺼내 읽으며 조금씩 기운을 냈다. 그러자 생각이 정리됐다. 이번 일이 전화위복이 되어 더 건강할 때 아이를 만나면 된다는 믿음도 생겼다.

돌이켜 보면 아기를 지키지 못한 건 순전히 내 책임이었다.

유산 징후를 감지했을 때 빠르게 대응했어야 했다. 과감히 학교를 쉬며 아기를 보호했어야 했다. 하지만 그게 쉽지 않았다. 법적으로는 병가를 낼 수 있지만, 그런 경우 다른 선생님들이 돌아가며 우리 반 수업을 대신해야 할 상황이었다. 유산 징후가 있는 것 같다는 느낌만으로 병가를 내는 자체가 엄두가 나지 않았고, 담임과 학년 부장의 책임감도 외면할 수 없는 일이었다. 하여 죽을 만큼 아프지 않으면 무조건 학교에 간다는 원칙대로 출근을 강행했다. 임신 초기의 절대안정이 필요한 상황에서도 예외 없이 말이다. 아이를 잃고 난 뒤 뒤늦게 후회하며 한동안 자책도 했지만, 내 삶에 충실하고 최선을 다하려다 일어난 일이라 여기며 받아들였다.

슬픔을 있는 그대로 받아들이는 일은 그리 쉬운 일이 아니다. 그 감정에 휘둘리지 않고 자신을 슬기롭게 지키는 일은 더욱 어려운 일이다. 인생의 스승을 만나지 못하면 흔들리는 자신을 바로잡지 못한 채 많은 시간을 허비하기 쉽다. 내 인생의 스승은 당연히 책이다. 그러니까 지금의 나를 만든 건 8할이 책이다. 그동안 읽은 책에서 만난 인생 선배와 참교사의 모습이 나에게 투영되어 적잖이 영향을 주고 있다. 그들은 인생의 중요한 결정의 순간에 마음의 소리로 나타난다.

첫 책 『독서의 배신』에서는 읽고 쓰고 실천하는 3단계 실용 독서법을 언급하며, 이를 '완전 독서'라 정의한다. 완전 독서는 음식을 반복해서 씹으며 완전 소화를 도모하듯 책을 읽을 때도 반복해서 읽고 쓰고 실천하는 과정을 통해 삶의 원천으로 남기는 독서를 의미한다. 완전 독서를 체득할 때까지 많은 시행착오를 겪었다. 작가가 되겠다며 1,000권의 책을 맹목적으로 읽으며 방향성 없는 독서를 했고, 제대로 읽어 하나라도 남기는 독서가 아니라 열심히 권수를 늘리는 독서에 집착했다. 이런 시행착오와 실패 경험이 진짜배기 독서를 이해하는 자양분이 돼 주었다. 무엇보다 소중한 시간을 허투루 낭비할 수 없다는 뒤늦은 자각이 균형을 갖게 했다. 첫 책은 그렇게 실패의 경험이 만들어낸 반성의 흔적이다.

읽고 쓰고 실천하는 3단계 실용 독서법처럼 독서도 3단계에 걸쳐 진행됐다. 일반적인 취미 독서로 시작해 집중 독서를 기점으로 완전 독서에 이르렀다. 1단계인 '취미' 독서는 시간이 날 때 적당히 읽는 것을 말한다. 취미로 가끔 책을 읽으면 머리를 식히거나 기분 전환을 할 수 있다. 필요한 경우 지식과 정보를 얻고 순간적인 재미와 즐거움을 추구할 순 있지만, 꾸준한 배움과 성장으로 이어지기는 다소 부족하다.

2단계인 '집중' 독서는 정해진 기간에 몇 권을 읽겠다는 목표를 세우고 의식적으로 독서에 임하는 것이다. 개인적으로 2015년부터 3년간 1,000권을 읽겠다는 목표로 전력투구한 적이 있다. 꽤 거창하고 무리한 계획이었지만 어쨌든 그 목표를 달성하는 데 성공했다. 그런데 읽은 책 권수가 늘어갔음에도 불구하고 3년 전과 크게 달라지지 않았다. 1,000일간 무려 1,000권을 읽었음에도 삶의 변화를 느끼지 못했다. 그때 받은 충격을 '배신'이라고 여길 만큼 데미지가 컸다. 물론 그 과정에서 명확한 깨달음을 얻을 수 있었다. 읽기만 하는 독서는 아무짝에도 쓸모가 없다는 사실을 말이다. 책을 눈으로만 읽으면 아무것도 달라지지 않는다. 아무리 많은 책을 읽어도 제대로 이해하지 않으면 소용이 없다. 소중한 시간과 에너지와 비용만 들 뿐이다. 넘어져야 넘어지지 않는 법을 알게 되듯 양에 치중한 독서를 한 후에야 독서의 질과 효율이 얼마나 중요한지 알게 됐다. 열심히만 아니라 제대로 읽는 진짜배기 독서에 도달할 방법을 터득해나갔다. 그 독서법이 바로 3단계인 완전 독서다.

  3단계인 '완전' 독서는 앞서 말한 대로 읽고 쓰고 실천하며 책을 제대로 읽는 것을 말한다. 완전 독서의 목적은 책으로 배우고 성장하기 위함이다. 그래야 변화가 시작되고 인생이 달라진다. 완전 독서는 삼독(三讀)을 전제로 한다. 눈으로 한 번, 기록하며 한 번, 실천하며 한 번이다. 시차를 두고 같은 책을 세

번 읽는 것도 삼독이다. 모든 책을 세 번 읽을 필요는 없지만, 자신에게 힘이 되는 책이라면 인생 책으로 삼아 삼독해 보길 바란다. 여러 권을 한 번 읽는 다독보다 자신에게 맞는 책 한 권을 세 번 읽으며 내 것으로 만드는 독서가 진짜 독서다. 완전히 내 삶에 체화되는 진정한 독서다.

우리가 책을 읽어야 할 이유는 많지만 그중 하나를 꼽자면, 책은 위기의 순간에 진가를 발휘한다는 점이다. 살다 보면 누구도 예외 없이 예상을 뛰어넘는 어려움과 마주하기 마련이다. 또 무언가를 향해 질주하고 달려갈 때 시행착오나 참담한 실패를 경험하는 것을 피할 수 없다. 그런 상황과 마주하면서 멈추거나 포기하고 싶을 때 나를 잡아줄 무엇이 있다면 역전의 용사로 거듭날 기회를 얻을 수 있다. 읽는 삶을 통해 얻은 내면의 힘 덕분에 유산이라는 험준한 고비를 비교적 수월하게 극복할 수 있었다. 또한 새 생명을 건강하게 맞이하겠다는 용기를 갖게 되었다. 책은 이렇게 나를 다시 일으켜주고 다음 여정을 이어 갈 새 힘을 준다. 이러니 책을 붙들지 않고 어떻게 인생을 살 수 있을까? 단언컨대 읽는 삶이 아니라면 나도 존재하지 않는다.

나를 일으켜 세운 8할은 '독서 마디'였다

삶의 전환점마다 책이 옆에 있었다. 든든한 친구였고 멘토였다. 책과 함께하면서 성장할 수 있었고 위기에 봉착할 때마다 깊은 깨달음을 얻게 되었다. 책은 외부로 향해 있는 시선을 내면의 깊은 곳으로 이끌었고 심장이 뛰고 마음이 움직이고 있는 곳을 일러주었다.

또한 남과 비교하고 좌충우돌하며 세상에 적응하려 했던 나를 제법 원칙과 기준이 있는 나다운 인격체가 되도록 이끌어주었다. 책이 가리키는 방향에는 어떤 삶이 가치 있고 행복한지를 고민하게 하는 성찰의 시간이 농축되어 있었다.

인생의 기로마다 늘 읽기를 만난 건 최고의 행운이다. 책을 통해 마음의 중심을 세울 수 있었기 때문이다. 마치 마디가 있어 비바람에 흔들리더라도 쉬이 꺾이지 않는 대나무처럼 말이다. 읽는 삶이 주는 마음의 중심을 대나무 마디에 빗대어 '독서 마디'라 정의 내린 바 있다. 이는 독서를 꾸준히 하면 마음에 단단한 마디가 생겨 스스로 지켜나갈 수 있게 됨을 뜻한다.

인생을 흔들림 없이 살기는 어렵지만, 마음의 중심이 내가 된다면 방황하고 흔들리더라도 다시 나로 돌아온다. 힘든 상황이 오더라도 독서 마디가 있다면 그동안의 경험과 지혜로 유연하게 대처할 수 있다. 위기를 마주하는 담대한 태도와 역경을 딛고 일어서는 회복탄력성을 갖출 수 있다. 누구나 뜻하지 않았던 상황에 부딪히고 사는 것 자체가 고통인 상황과 맞닥뜨린다. 그런 순간은 언제든 불시에 온다. 그동안 책에서 수많은 사람의 인생을 만나며 감히 짐작할 수조차 없는 낙오와 절망을 보았다. 놀라울 만한 성장과 기적 같은 변화도 보았다.

내 삶이 누군가에게는 안정적으로 보일지 모르겠지만 나름대로 힘들었던 순간이 너무 많았다. 다른 사람들보다 느리고 늦어 자책한 적도 많았고, 누군가에겐 수월한 일이 내겐 너무도 어려운 일이라 좌절한 적도 많았다. 매 순간 열심히 살았다고 자부했으나 막상 돌아보면 명확한 방향 없이 그저 앞만 보고 내달린 경우도 많았다.

저는 상담 무용론을 주장하는 사람입니다. 상담에 대해 이론적으로 오랜 시간 제대로 공부했고 실제로 상담을 해봤지만, 사람이 해주는 상담은 한계가 있다는 것을 느꼈습니다. 상담자는 누구의 문제를 해결해 주는 사람이 아닙니다.

지난해 6월에 참석한 기도원 투어에서 소명중앙교회 김대성 목사님이 하신 말씀이다. 무수한 경험에서 나온 깊은 통찰이 느껴졌다. 전문적이고 의학적인 상담이 필요한 사람도 있겠지만, 근본적인 원인을 찾고 그 문제를 해결하는 것은 결국 본인의 의지와 행동에 달려 있다는 얘기가 아닌가. 살면서 봉착하는 수많은 문제 앞에서 누구도 자유로울 순 없겠지만, 그 문제를 대하는 시선과 자세는 오로지 자신만이 정할 수 있고 또 그래야 한다. 그렇기에 삶을 읽을 수 있는 지혜가 필요한 법이다. 책을 통해 독서 마디를 키우는 것은 그런 지혜를 터득하는 매우 강력한 방법이다. 독서 마디를 키우는 행위는 인류의 지혜가 깃들어 있는 보물창고로 가는 가장 쉬운 방법이고 지름길이기 때문이다. 마음의 중심인 독서 마디를 세울 수 있다면 스스로 상담을 청하는 내담자가 될 수 있고 동시에 이에 응하는 훌륭한 상담자가 될 수 있다. 삶의 주인이 된다는 의미와 다르지 않다.

인생이 흔들리거나 삶의 균형이 무너질 때, 누군가의 도움과 상담이 필요하다고 느낄 때 다른 것보다 책 읽기를 권한다. 책에는 직접 경험할 수 없는 혹은 직접 경험하지 않고도 알 수 있는 무한한 정보와 심연의 서사가 넘쳐난다. 책에서 문제 해결의 실마리나 삶의 방향을 찾는 최고의 스승을 만날 수 있다. 누군가의 인생이 오롯이 담긴 책을 가슴 깊이 받아들이면 삶의 정수와 같은 문장을 발견하게 되고 거기서 내가 가야 할 길을 보게 된다. 그 경험은 나에게로 다시 투영되어 현실을 새롭게 살피게 하고 위기나 역경에 처한 자신을 추스르고 일어나게 하는 버팀목 마디가 되어준다.

2021년 코로나에 걸렸을 때 일이다. 엄마 칠순을 축하하러 대전에 다녀온 뒤 열 한번 나지 않던 아이가 고열이 났다. 밤새 자지러지게 울어대는 아이를 보며 설마 하는 마음으로 세 식구 모두 PCR 검사를 받고 왔는데, 충격적이게도 세 식구 모두 코로나에 걸렸다. 그걸 확인하고 얼마 후 세 식구가 앰뷸런스를 타고 병원으로 향했다. 그때만 하더라도 코로나 감염자가 안정적으로 통제되는 상황이 아니었기에, 갑자기 일어난 이 상황이 도무지 믿기지 않고 무서웠다. 게다가 아이는 이제 막 18개월이 된 면역력이 약한 아기라 온갖 걱정이 밀려왔다.

다행히도 걱정했던 것과는 달리 증상이 심각하지 않았다. 다만 뉴스에 보도될 정도로 지역의 몇 안 되는 감염자였기에 코로나 감염자로 바라보는 주변의 시선이 부담스러웠다. 24시간 감시와 통제의 대상이 되어 병실 밖을 한 발자국도 나갈 수 없게 되자 꼭 창살이 높은 감옥의 죄수가 된 기분이었다. 병원에서의 열흘은 더디게 흘러갔다. 꼼짝달싹할 수 없는 상황이었지만 가져온 책을 읽으며 불안한 마음을 진정시켜 나갔다. 처한 상황을 객관적으로 살피고 조급한 마음을 떨쳐내는 데에 책 이상의 약이 없어서였다.

코로나에 걸리지 않았으면 더 좋았겠지만, 격리가 해제되면서 코로나에 언제 어떻게 걸릴지 모르는 불안과 두려움에서는 다소 벗어났다는 안도감이 생겼다. 가족 모두가 한꺼번에 똑같이 걸려 함께 있을 수 있는 것도 한편으로 다행이었다. 공교롭게도 코로나 감염으로 인한 격리 기간에 복직 여부를 결정해야 할 때였는데, 나름 편하게 먹고 자면서 회복에만 집중할 수 있어 그 문제에 관한 결정도 빠르게 내릴 수 있었다. 1년간의 육아휴직 뒤의 복직이었기에 복직을 한 뒤 업무 적응을 제대로 할 수 있을지에 대한 의구심과 두려움이 컸던 때였는데, 코로나 감염이라는 큰일과 부딪히고 보니 오히려 담대한 생각이 들었다. 어느 순간 복직 문제가 가볍게 느껴졌고 갈팡질팡하던 마음이 이내 정리되었다.

그래서일까. 염려했던 것보다 복직 후 학교생활이 순조로웠다. 얼떨결에 맡게 된 학년 부장 역할도 막힘없이 수행해냈고 교무부장 선생님을 비롯한 동료 교사들의 과분한 칭찬도 받을 수 있었다. 게다가 일과 육아를 병행하는 일상도 안정되면서 활력을 되찾게 되었다. 덕분에 두 번째 책 집필에도 박차를 가할 수 있었다. 살면서 잘한 것을 꼽자면 그때 과감하게 복직을 감행한 일이 그중 하나다. 당시 복직하면서 학교를 옮기지 않았더라면 지금 다니고 있는 좋은 학교에 들어오지 못했을 테니 말이다.

이렇듯 당장의 위기가 오히려 기회가 되는 순간이 많다. 상황이 바뀔 때마다 일희일비할 필요는 없다. 모든 게 좋기만 하지 않듯이 결국은 긍정적으로 해석하는 날이 오기 때문이다. 무엇보다 위기를 기회로 바꾸는 매 순간에 책과 함께했다는 게 늘 든든하다. 삶의 이음새가 되어준 독서 마디가 있어 행복하다. 인생의 중요한 순간마다 나를 일으켜 세운 8할이 독서 마디였기에 이 길이 앞으로도 넉넉해질 거라 믿는다.

3장 | 느림의 묘미

느림의 임계점을 넘으면
또 다른 내가 된다

내 인생은
slow와 late의 연속

　1월생이라 일곱 살에 초등학교에 진학했다. 남들보다 일 년을 번 셈이지만 정작 공부를 잘하진 못했다. 공부에 관심도 없었고 이해력도 부족했다. 다행히 5학년 때부터 공부에 욕심을 내긴 했지만, 기초가 부족하다 보니 진도에 맞춰 쫓아갈 때면 취약한 부분이 많았다. 중학생 때는 한 부분에서 막히면 그 문제를 해결하기 전까지 다른 공부를 진행할 수 없었다. 영어는 특히 문법에서 어려움을 겪었고 국어나 수학 등 다른 과목 역시 이해가 되지 않으면 한 문제를 붙잡고 몇 시간을 매달리곤 했다. 그렇게 느리고 몇 번 곱씹고 반복해야만 내용을 이해하는 자신이 야속했고 그 자체를 받아들이기가 힘들었다.
　앞서 얘기했듯 인생의 과업도 느림의 연속이었다. 나이 서른에 결혼을 했다. 요즈음 추세로는 늦었다고 볼 수 없겠지만, 불과 10년 전만 해도 여자는 나이 서른을 넘기 전에 결혼해야 한다는 인식이 남아 있었다. 게다가 당시 부모님이 결혼 기준으로 삼았던 나이는 대학을 졸업하고 사회생활을 시작한 지 얼마 되지 않은 25세였다. 그나마 부모님의 재촉이 있었기에 서른에 결혼하게 된 것 같다. 부모님의 재촉이 없었다면 아마 서른이 넘어도 명절마다 결혼을 왜 안 하냐는 잔소리를 수도 없이 들어야 했을 거다. 결혼을 일찍 하길 바라는 부모님 의견에 반대하지 않기에 이것으로 인한 갈등은 없었다. 나도 결혼을 하겠다는 의사가 있었고 결혼 상대자를 찾으려는 노력도 게을리하지 않았다.

그 덕분인지 결혼이 아주 늦진 않았던 것 같다. 그렇지만 임신은 영락없는 지각이었다. 임신에 이르는 과정이 순탄치 않았고 그 이후의 출산이나 육아도 마찬가지였다. 내가 가진 운을 입시와 결혼에 미리 끌어다 쓴 탓에 이후의 삶이 이리도 고단한가 싶을 정도로 일상이 느리다 못해 더디고 헝클어져 흘러갔던 시기였다. 평생 지각과 거리가 멀 정도로 모든 면에서 성실하게 살아왔지만, 임신이라는 과업 앞에서는 성실함과 우직함도 소용없었다. 나보다 한참 늦게 결혼한 사람이 아이를 낳을 때면 유독 조바심이 났고, 다른 사람은 저만치 앞서가는데 홀로 뒤처진 것 같았다.

  친정엄마는 당사자인 나보다 걱정을 더 많이 했다. 동네에서 유모차를 끌고 다니는 아기 엄마들을 볼 때면 "우리 은이는 언제쯤 아기 유모차를 밀어보려나." 하면서 안타까워하셨다. 시부모님도 손주를 간절히 원했지만 기대에 부응하지 못해 가시방석일 때가 많았다. 할 수 있는 일은 오직 열심히 기도하며 병원에 다니는 것뿐이었다. 몇 차례 임신이 되어 희망의 싹을 틔우기도 했지만 임신 초기를 넘기지 못하고 유산되곤 했다. 아이를 잃은 슬픔이 매번 처음 겪는 일처럼 적응이 되지 않았다. 가슴이 먹먹해지는 날들을 몰래 눈물을 삼키며 보내야 했다. 어쩔 수 없었고 무기력함이 몸에 배는 듯했다. 그러다가 임신을 포기한 상황에서 반전이 일어났다. 전혀 기대하지 않았던 자연임신이 됐고, 10년 난임의 종지부를 찍으며 나이 마흔에 비로소 엄마가 됐다.

  기막힌 반전으로 엄마가 됐지만 결국 나이 많은 늦깎이 초보 엄마다. 친구의 아이들은 대부분 초등학교에 다닌다. 후배들도 대부분 육아 선배다. 최근에는 8살이나 어린 사촌동생이 아빠가 됐다. 어릴 때 사촌 동생이 예뻐 자주 고모 댁에 놀러 갔던 게 엊그제 같은데 언제 결혼하고 아빠가 된 것이지 그저 신기할 따름이다.

직장생활 역시 느리고 늦음의 연속이었다. 사회생활 초반에 적응도 느렸지만, 20여 년의 경력이 무색할 만큼 지금도 여전히 느리다. 아직도 일이 어렵게 느껴질 때가 많고 도무지 마음이 놓이지 않아 조바심이 날 때도 많다. 언젠가 교감 선생이 이렇게 얘기했다. "뭘 그리 겁을 내? 이제 다른 학교 가면 중견급 교사인데, 그렇게 일을 무서워해서 되겠어?" 맞는 말씀이다. 거기에 동의한다. 나이나 경력을 감안하면 학교에서 주요 보직을 맡을 때다. 일을 다루어야 하는 입장이지 일에 끌려다닐 입장이 아닌데, 생각처럼 마음이 따라주지 않았다.

인생의 과업이나 일 측면에서만 느린 게 아니다. 일상생활도 느린 편인데다 뜻밖의 이유로 느려지는 일이 많다. 〈응답하라 1998〉에 나오는 '택이'라는 캐릭터를 보며 격하게 공감했던 적이 있다. 세계적인 바둑기사인 택이는 바둑을 둘 때는 번뜩이는 천재지만, 바둑 외의 일상에서는 영락없는 생활형 바보다. 택이만큼은 아니겠지만 일상에서의 내 삶도 영 순탄치 않다. 워낙 겁이 많고 소심한 편이어서 이래저래 불편을 겪는 일들이 많다. 예를 들면 세탁기 공포증 같은 거다. 세탁기가 일상생활을 편리하게 해주는 고마운 문명의 이기임이 분명한데 탈수할 때 덜덜덜 하며 나는 소리가 무서워 제대로 사용하지 못한 적이 많다. 무척 창피한 일이다. 저렇게 소리가 나다가 세탁기가 폭발하게 되거나 고장이 날 것만 같은 두려움에 웬만한 옷은 손으로 빤다. 아기 옷도 고단한 육아를 병행하며 8개월간 손빨래를 했을 정도다.

    운전은 아마 평생을 가도 큰 진전이 없을 것 같다. 면허를 딴 지 20년이 지났어도 장거리 단독 운전은 여전히 두렵다. 마트나 백화점에 갈 때 급경사가 있는 곳은 피하게 되고 절대 혼자 가지 않는다. 어쩔 수 없이 장거리 운전을 해야 할 때는 만반의 준비를 한다. 주차 실력 또한 신통치 않아 매번 주차할 때마다 상당한 시간이 소요된다.

    이처럼 내 인생은 온통 느림이다. 걸어온 지난날의 큰 산을 넘을 때마다 여지없이 늦은 걸음이었고 직장에서의 일 처리나 업무 적응도 말 그대로 슬로우였다. 현대 문명에 적응하며 일상에 임하는 속도 또한 다른 사람과 비교해 상당히 느리거나 더디다. 느리고 늦음의 연속인 데다 무엇 하나 한 번에 수월하게 이루어지는 일이 없다. 무언가를 습득할 때도 마찬가지다. 다른 이들보다 더 오랜 시간과 노력을 들여야 한다. 그래서 여전히 삶의 모든 면에서 앞선 사람이 부럽다. 빠르고 정확하게 가는 사람을 볼 때면 마음이 흔들린다. 효율과 능률의 결핍을 느끼며 빠르게 달려가고 싶은 충동마저 느끼게 된다.

하지만 여러 차례의 큰일을 감당하면서 내 인생이 slow와 late의 연속이라는 생각에서 벗어나고 있다. 노력의 총량과 완주하는 삶이 가져다주는 소중함을 절실히 느끼게 되면서 더더욱 '내가 지향하는 나만의 선구자'가 되겠다는 생각이 강해지고 있다. 그것이 나를 사랑하고 내 삶을 존중하는 방식이라는 걸 확연히 깨닫게 된다. 가끔이긴 하지만 빠른 속도로 질주하며 당당하게 포효하는 워너비를 꿈꾸는 게 내게 전혀 어울리지 않는 어리석은 판타지일 뿐이라 걸 너무나 잘 알고 있다. 그럼에도 그런 생각을 간헐적으로 하게 되는 것은 첨단 시대를 살아가는 소시민의 흔들리는 마음 때문일 것이다. 비교하거나 비교당하지 않으려 해도 그것에서 완전히 자유로울 수 없는 것은 아직 수양이 부족한 탓이고 어쩔 수 없는 생활인이기 때문이다. 다만 그 경계에서 늘 성찰하고 반성하며 삶의 균형점을 찾아가려고 분투하고 있다. 오늘 이 시간도.

후배에게 뒤처지고
내 삶도 지각이고

자주 꾸는 꿈이 있다. 늦잠을 자고 일어나 화들짝 놀라며 발을 동동 구르는 꿈이다. '아, 교감 선생님께 뭐라고 하지?', '애들은 어떡하지?' 보통 꿈을 꾸고 일어나면 그 꿈의 내용이 금방 기억 속에서 사라지기 마련이다. 그런데 유독 이런 꿈은 잠에서 깬 후에도 급박함이 느껴질 정도로 여운이 강하다. 그런 꿈을 꾼 다음날이면 뭔가 찜찜한 게 남아 개운치가 않다. 실제로 직장생활 내내 심하게 지각한 경험도 없고 주의를 받은 적도 없다. 그럼에도 이상하리만큼 출근 시간에 대한 압박이 심한 편이다. 절대 늦으면 안 된다는 강박도 필요 이상으로 강하다. 직장인 모두가 갖고 있을 법한 불안감과 스트레스가 그 원인일 거라 짐작하지만 느림에 대해 예민함으로 생긴 과민반응이라는 생각도 지울 수 없다.

한창 일할 나이고 완수해야 할 인생 프로젝트가 적지 않은 탓에 세상 돌아가는 속도와 자주 부딪히게 된다. 다른 이와의 비교에서 벗어날 수 없고 사람들의 속도에 신경 쓰지 않을 수 없다. 최근 들어 후배들이 치고 올라오는 게 피부로 느껴진다. 심지어 이제 막 학교에 들어온 신규 선생님의 적응 속도를 목격하면 그저 놀랍기만 하다. 출산휴가를 들어간 사이 내 자리를 신규교사가 채웠는데 모든 면에서 기대 이상이었다. 혹시라도 내 자리를 빼앗길지도 모른다는 조바심이 일 정도다.

코로나19 팬데믹으로 대면 수업 대신 온라인 수업을 한창 진행할 때였다. 다들 분주하게 비대면 수업 준비를 하며 디지털 문명과의 사투를 벌이게 되었는데, 결과만을 얘기하자면 후배들의 대응이 놀라웠다. 영상의 퀄리티는 물론 전체적인 완성도가 대단히 높아 적지 않게 놀랐다. 어릴 때부터 디지털 매체와 친숙하고 많이 다뤄온 세대라는 걸 감안하더라도 예상을 뛰어넘은 완성도와 창발적인 아이디어에 눈길이 계속 끌렸다. 확실히 20년 전의 초보 선생들의 모습과는 비교되지 않을 정도로 여유 있고 당당한 모습이었다.

어느 직장이나 모임이건 경력에 비해 탁월한 일 처리를 뽐내는 사람들이 있다. 일명 '능력자'라 불리는데, 예전에는 이런 능력자가 대개 나이가 많고 경력이 많은 선배였다. 그런데 능력자로 칭해지는 후배가 늘어나면서 왠지 모르게 후배에게 뒤처지는 선배가 될 것 같은 불안감이 들게 된다. '남들은 선배가 되고 연차가 높아질수록 직장생활이 수월해진다는데 나는 왜 그렇지 않을까?' 따라잡으려고 눈에 불을 켜고도 그 격차를 좁히기 힘들 것 같았는데 출산 후 육아휴직까지 하게 되니 경쟁에서 뒤처질 것 같은 초조함에 마음이 무거워졌다. 이미 느리고 늦은 사람에게 더 무거운 모래주머니까지 채운 것 같았다. 계속 경쟁에 뒤처지고 더 많은 장애물이 앞을 가로막는다면 따라잡을 조그만 가능성조차 없어지지 않을까 하는 불안감이 휴직 기간 내내 가시지 않았다.

그러다가 애당초 계획했던 것보다 더 빨리 복직하게 되었다. 이전 직장이 아닌 새로운 학교로 옮기게 된 것이다. 새 학교에 부임하자마자 뜻밖의 일이 일어났다. 곧바로 '학년 부장'을 맡게 된 것이다. 휴직 없이 교직 생활을 쭉 이어가고 있을 때 학년 부장을 맡아도 부담이 적지 않았을 텐데, 하필 육아휴직 직후에 이토록 과중한 업무를 맡게 되어 부담이 만만치 않았다. 새로운 환경에 적응할 시간적 여유가 필요한 시점이었고 육아를 병행하는 초보 엄마였기에 더더욱 부담됐다.

사건의 발단은 이렇다. 새롭게 발령을 받은 학교로 인사차

전화를 했는데 바로 다음 날 몇 시까지 오라는 소리를 들었다. 타지에서 대전으로 가야 하는 데다 아이를 맡기고 가야 해서 상황이 꽤 복잡했다. 막판까지 아이 맡길 곳을 찾느라 전화기를 붙잡고 씨름하다가 결국 아이와 함께 학교에 가는 바람에 정해진 시간보다 40분 늦게 도착했다. 그렇게 난생처음 지각했는데 청천벽력 같은 소리를 들었다. "선생님, 업무는 하나 남았어요. 3학년 부장 하면 돼요."

애당초 복직 계획을 세우면서 나름의 복안이 있었다. 우선 새 학교의 선택 기준을 정했다. 좀 편하고 적성에 맞는 업무를 선택하기 쉬울 것 같은 학교가 첫 번째 기준이었다. 그런 기준으로 정한 학교가 새 일터였다. 수집한 정보에 따르면 그 학교가 전입 교사가 많은 곳이라 그렇게 될 거라 믿었다. 하지만 그 계획은 단번에 무산됐다. 다른 선생들이 다 고른 후 남은 업무를 맡게 된 것이다. 선택의 기회도 없었지만 바뀔 수 있는 여지조차 없었다. 그것도 다들 꺼리는 3학년 부장직을 덜컥 받게 된 것이다. 집에 돌아온 후 한동안 넋이 나갔다. '학교 업무를 선착순으로 정하다니. 게다가 나보고 학년 전체를 책임지라니.' 심란해서 수일간 잠도 오지 않았다.

그렇게 교직 생활 20여 년 만에 처음으로 학년 부장이라는 묵직한 직책을 맡게 됐다. 얼떨결에 깜냥에도 안 맞는 감투를 맡게 되니 정시퇴근은 사치스러운 일이 돼버렸다. 느리지만 끈기로 정면승부를 택했다. 오랜 학교생활의 노하우가 몸속에 축적돼 있다는 믿음으로 새로운 일터 적응에 박차를 가했다. 그리고 절실했다. 5시 반 이전에 퇴근한 적이 없을 정도로 3월 내내 학교 붙박이로 살았다. 학교에서 정한 일정이나 마감 기한을 지키기 위해 주말에도 학교에 나와 일했다. 학년 교육과정을 완성하고 학급환경을 구성하는 일이 마무리되기까지 부담감이 컸기 때문이다. 집에서 불안한 마음으로 쉬는 것보다 차라리 학교에 나와 일하는 게 마음이 편했다. 일하다가 방법을 모를 땐 담당 선생님께 물어보며 하나씩 처리해나갔다.

실천 가능한 일이 무엇인지 현실적인 판단을 중시했고 잘할 수 있는 것을 위주로 행동했다. 그중 한 가지가 3학년 연구실 공간에 변화를 주는 것이었는데, 공간을 잘 활용할 수 있게 배치를 바꾸고 수시로 정리했다. 누구라도 3학년 연구실에 들어올 때 산뜻한 기분이 들면 좋겠다는 바람으로 말이다. 학기가 거의 끝나갈 무렵, 맡은 일을 무리 없이 해낸 것은 물론 부장 역할도 능숙하게 해냈다. 이렇게 잘할 거면서 왜 그렇게 앓는 소리를 했냐는 교무부장 말씀에 비로소 긴장이 풀리며 안도했다. 막상 부딪히고 사력을 다해 일을 처리해 보니 부장 교사 자리가 그리 겁먹고 걱정할 만한 일이 아니었다. 오히려 일을 전체적으로 아우르는 시야를 가질 수 있어 좋았고, 계획적이고 책임감이 강한 성격과 잘 어울리는 자리였다.

남보다 좀 느리다는 것을 인정한다는 것은 사람마다 서로 다르다는 걸 수용하는 일이었다. 업무에 대한 불만을 흔쾌히 던져버리고 할 수 있는 일부터 하나씩 차근히 처리하면서 모든 일이 조금씩 변화하는 걸 지켜보는 건 커다란 즐거움이었다. 어려운 일처럼 보였던 게 의외로 쉬웠고 그다음은 더 즐거운 일들이 기다리고 있었다. 모르면 물어보면 되고 느리면 시간을 더 쏟으면 될 일이었다.

뒤돌아보면 육아휴직 기간은 느림보인 내가 더 느려지고 있다고 여긴 시간이었다. 말이 통하지 않는 아이와 24시간 내내 같이 보내며 사회와 떨어져 있다는 게 조바심을 갖게 했다. 그런 연유로 아직 닥치지도 않은 일을 지레짐작하면서 걱정했다. 닥치면 최선을 다해 감당할 수 있는 일임에도 과연 복귀를 잘할 수 있을까 하는 우려가 앞섰다. 아이로니컬하게도 성공적인 복귀의 비결은 육아휴직 때의 작은 노력이었다. 아이가 놀면서 흩트려놓은 공간을 수시로 치우며 정리하면서 자연스럽게 업그레이드된 정리 정돈 능력과 집 안에서 다양하게 시도해 본 공간 활용 시도들이 3학년 연구실 관리에 빛을 발했기 때문이다.

어느덧 시간이 흘러 학년 부장 업무를 무사히 마감했다. 복직에 따른 불안감과 겹쳐 크게 걱정했던 일이었지만 무탈하게 임무를 완수했다. 엄마라는 역할이 더해진 후의 교직 생활이 오히려 더 성과를 내고 있다는 사실이 믿기지 않기도 한다. 난생처음의 지각 덕분에 울며 겨자 먹기 격으로 맡게 된 부장 교사 자리가 오히려 삶을 확장하고 시야를 넓히는 계기를 마련해 주었다. 감사하고 또 감사한 일이다. 역전의 기쁨을 만끽한 만큼 겁을 먹지 않고 할 수 있는 일을 하나 더 만든 셈이기도 하다. 이제 더는 지각하는 꿈을 꾸지 않는다.

아이가 군대 갈 때 나는 환갑이 된다

우리 대학생일 때가 아직도 생생하지 않니? 근데 그만큼 시간이 지나면 우리 환갑이야!

대학 친구들이 모여 있는 단톡방에서 이야기를 나누다 보니 세월의 빠름을 실감하게 된다. 20년 전에는 꽃다운 스무 살 청춘이었는데, 이제 딱 그만큼의 시간이 더 흐르면 환갑이 된다고 생각하니 당혹스럽기까지 하다. 환갑 하면 떠오르는 사진이 한 장 있다. 할아버지 환갑잔치에 대대손손 가족들이 모여 찍은 사진이다. 모두 한복을 곱게 차려입고 풍성한 음식 앞에서 어색하게 찍은 그 사진. 가장 앞줄에는 나와 오빠를 포함한 할아버지의 손주들이 줄줄이 서 있다.

지금이야 환갑은 인생 2막을 열어갈 황금 나이라지만 환갑이란 말을 들을 때마다 여전히 이 빛바랜 가족사진이 떠오른다. 근엄한 표정으로 가족사진 중 가장 중간에 앉아 있는 연세 지긋한 할머니와 할아버지 모습이 선명하다. 오래된 가족사진을 보다가 문득 내 나이를 떠올려보았다. 40을 조금 넘긴 상태라 20에 가까운 숫자를 보태면 환갑이 된다. 실감이 나거나 살가운 상상과는 거리가 있다. 그렇지만 단순 가정으로 환산하면, 환갑이 될 때쯤이면 아이는 갓 성인이 된다. 자식과 손자가 주렁주렁했던 할아버지와 할머니 나이가 되면 어쩌면 아들을 군대에 보내고 난 뒤 혼자서 울고 있을지도 모르겠다.

이런 상상은 아직 실감이 나지 않는다. 아직은 노후를 생각할 만큼 나이를 든 게 아니고 산더미 같은 일들을 처리할 한창 때이기에 그런 생각을 할 틈도 없다. 젊은 시절에 뭘 모르고 하는 육아도 힘들겠지만 마흔이 넘어서 하는 육아는 체력이 따라주지 않아 애로사항이 많다. 반면 이제 막 생을 꽃피운 아이는 에너지가 넘친다. 방문이나 옷장 문을 여닫기 시작하면 땀이 날 때까지 한다. 문이 움직이는 게 영 신기하고 재미있나 보다. 하긴 그러니 국민 문짝이라는 장난감도 있을 테지. 문뿐 아니라 아이는 집 안의 온갖 사물을 장난감 삼아 쉴 틈 없이 만지고 흩트린다. 세상을 향해 거침없이 돌진하는 작은 파괴자다. 그럴 때면 남편과 나는 쉴 곳부터 찾는다. 누워 있는 우리를 멀뚱히 보는 아이에게 남편은 "엄마 아빠가 늙어서 그러니 이해하렴." 하고 말한다. 그렇다. 우리는 생물학적으로 영락없이 늙은 부모에 가깝다.

30대가 되었을 때는 20대 체력이 그립고, 40대가 되어서는 30대도 좋았던 거구나 싶다. 서른 살 전후의 사촌동생들이 아이와 놀아주는 걸 볼 때마다 그걸 확연히 느끼며 체력관리에 대한 위기의식을 갖게 된다. 만약 10년 전에 아이를 낳았다면 사촌동생들처럼 저렇게 생기발랄하게 놀아줄 수 있었을 텐데 하는 생각이 절로 든다. 아이를 번쩍 안고 빙그르르 돌기도 하고 "누가 이렇게 귀여우랬어요?"라며 생글생글 웃어주는 모습을 보노라면 저절로 웃음이 난다. 아이도 좋아서 웃음이 떠나지 않는다. 아이와 잘 놀아주는 그들을 볼 때면 아이에게 내심 미안한 마음이 든다. 젊고 활기찬 부모가 되어주지 못한 미안함 말이다.

문득 아이의 장래가 걱정될 때가 있다. 아이가 장가를 갈 때쯤이면 아마 70대일 것이다. 그것도 일찍 장가를 간다고 가정해야 가능한 일이다. 칠순이나 팔순 잔치에 손주가 있으려면 아이가 빨리 장가를 가야 할 텐데 하는 쓸데없는 걱정이 들 때면 나이테에 감긴 숫자가 꽤 무거워진다. 그리고 20대 중반부터 결혼하고 아이를 빨리 가지라고 극성을 떨었던 부모님 심경이 절로 헤아려진다.

무엇이든 단점만 있지는 않나 보다. 남들보다 늦은 나이에 부모가 되어 몸이 고되지만 나름 후발 주자의 장점도 있다. 육아를 먼저 한 친구들의 경험을 통해 시행착오를 줄일 수 있는 건 최고의 이점이다. 친구들 염려와 당부 덕분에 출산 3일 후부터 시작된 젖몸살을 대비할 수 있었고 각종 살아 있는 정보를 실시간으로 들을 수 있었다. 특히 나보다 둘째를 일 년 전에 낳은 친구에게 이것저것 수시로 물어볼 수 있어 큰 도움을 받았다.

확실히 육아 고수의 조언을 들으면 대처가 수월해진다. 책을 통해 얻는 정보로 육아에 참고하는 경우가 많은 편인데, 일일이 누구에게 물어보지 않아도 되니 장점이 많지만, 실제와는 다를 때가 많아 되레 해가 될 때도 있다. 이론과 실전이 달라서다. 그럴 때 생생한 경험담을 듣고 구체적인 실전 팁을 경청하는 게 최선의 방법이다. 체중에 맞춰 기저귀를 입혀야 한다는 것이 이론이라면 체중을 기준으로 통통한 아기는 한 단계 올려 입혀야 한다는 것은 실전이다. 그렇기에 미리 앞서 경험한 엄마들이 알려주는 실전 노하우는 초행길을 책임지는 든든한 내비게이션 역할을 한다. 늦은 나이에 부모가 된 게 오랫동안 아이가 생기지 않아 실망하고 있는 사람들에게 작은 희망이 준다는 걸 뒤늦게 알고선 좀 멋쩍었다. 그런데 곰곰이 따져 보니 그게 사실이었다. 아이를 희망하는 사람들에게 천신만고 끝에 아이를 얻은 생생한 성공 사례가 그 어떤 정보나 상담보다도 설득력 있는 메시지를 제공하고 영향력이 클 수밖에. 먼저 길을 나선 자가 건네는 말의 힘이 생각보다 큰 것처럼.

난임 병원에 다닐 때 나보다 나이가 많은 사람을 마주하는 것만으로도 힘이 났다. 6년 전쯤 광주의 한 난임 병원에서 만난 49세 여성분이 그런 존재였다. 회복실에서 얼굴도 모르고 다른 사람과 나누는 대화를 통해 목소리만 들었을 뿐인데도 큰 위로가 되었다. '오십을 앞두고 계신 분도 저렇게 노력하는데 내가 어떻게 여기서 포기를 하랴.' 지금도 가끔 그분 생각이 나는데 아기를 갖는 데 성공했는지 무척이나 궁금하다. 뒤늦게 지면으로나마 그분의 안부를 물으며 감사의 마음을 전하고 싶다.

오랫동안 아이를 기다리는 사람에게 나의 성공담은 가슴 벅찬 결말의 좋은 사례가 되기에 충분하다. 희망의 증거이기도 하다. 실제로 사촌의 할머니는 아이가 생기지 않아 상심한 사람에게 "우리 질부네는 10년 만에 아이를 낳았어. 그러니께 희망을 품어."라고 얘기했다고 한다.

늦어진 임신 덕에 긴 신혼 시절을 보낸 것은 보너스였다. 아이가 금방 생긴 부부에 비해 여유 있는 결혼생활을 한 셈이니 이 또한 감사해야 할 일이다. 남들이 젊은 시절 한창 아이를 키우며 바쁠 때 우리 부부는 조조영화를 보았고 골프 등의 취미생활도 원 없이 즐겼다. 퇴근 후 동료들과 배구를 하고 늦게 들어왔고 도서관도 주말을 포함해 밤낮없이 출입하며 자유로운 시간을 보냈다. 홀몸이라 홀가분했던 그 시절이 지나가 아쉬움이 남지만, 그래도 아이를 키우는 지금이 훨씬 좋다. 물론 퇴근도 없이 반복되는 육아에 군인 남편이 바쁘면 나 홀로 육아를 감수해야 하지만 "아직이야?", "좋은 소식 없어?"라는 질문에서 해방된 것만으로도 무척 다행이다. 지쳐 쓰러져 자는 날이 허다하고 아이로 인해 많은 제약이 생기기도 하지만, 다시 선택권이 주어진다 해도 주저 없이 아이가 있는 지금의 삶을 택할 것이다.

최적의 타이밍이라는 게 있을까? 글쎄, 잘 모르겠다. 남들보다 늦게 엄마가 된 건 아마 준비가 더 필요해서가 아닐까 싶다. 결과론적인 얘기지만 이 정도의 시간을 거쳐야 엄마로 살아갈 마음가짐과 역량을 갖출 수 있었던 게 아니었을까 하는 생각이 강하게 든다. 통계적으로나 생물학적으로는 늦은 나이임이 틀림없지만, 늦게 부모가 되었기에 아이에게 달리 줄 수 있는 특별함도 있을 것이다. 한편으론 일찍 부모가 된 사람들보다 아이와 함께할 시간이 더 적을 수 있다는 생각도 든다. 앞서 말했듯 인생은 동전의 양면과 같고 해석하기 나름이다. 어쩌면 늦게 부모가 됐기에 더 열심히 운동하고 건강을 비롯한 인생의 중요한 가치를 살뜰히 챙길 수 있다. 그런 관점에서 아이와 함께하는 지금이 가장 소중하게 느껴지고 밀도 있는 시간을 보내고 있다고 본다. 많이 늦었기에 아이와 함께하는 모든 시간을 더 알차게 채울 수 있다는 넉넉함이 현재의 삶을 비추는 것 같아 행복하다.

앞서 아이를 키운 인생 선배들이 말한다. "지금 이만할 때가 제일 예쁠 때야. 애가 크고 나면 이때가 그리워. 크는 게 아깝다니까!" 이런 말을 듣다 보면 지금 이 시간을 더욱 사랑해야 한다는 마음이 더 깊어진다.

거북이 같은 내가
토끼를 좋아하는 이유

앞으로 다시는 토끼 키우지 마라.

엄마한테 귀에 못이 박히게 들은 소리다. 평소 토끼를 탐탁지 않게 여긴 엄마는 출산 전부터 계속해서 토끼를 다른 사람에게 입양 보내라고 재촉했다.

"엄마, 토끼도 내 자식이나 마찬가지예요."

"무슨 말도 안 되는 소리야. 걔가 왜 네 자식이냐. 유겸이가 네 자식이지."

모를 리가 없다. 나도 안다. 진짜 자식이 누군지를. 게다가 엄마의 걱정도 충분히 이해된다. 그렇다고 키우기로 작정하고 데

려온 이상 토끼를 외면할 수는 없다. 끝까지 책임져야 하는 존재이고 또 그런 생각이 아니었다면 애당초 키우지도 않았을 것이다.

당시 갓난아기를 돌보느라 반쯤은 넋이 나가 있을 때였다. 그 와중에도 토끼가 맘속에서 떠나지 않았고 걱정이 되었다. 잠을 자지 못해 풀린 눈으로도 어떻게든 짬을 내어 토끼를 보러 갔다. 종일 갇혀 지내게 하는 것도 미안한데 '깜상'은 그런 나를 두 발로 반갑게 맞아주었다. 그러던 어느 날이었다. 깜상의 몸이 급격히 말라 갔고 움직임도 현저히 줄어들었다. 아무래도 심상치 않았다. 불현듯 첫 반려 토끼였던 '뭉치'가 떠올랐다. 뭉치 역시 떠나기 전에 좋아하던 사료도 먹지 않고 화장실 위에서 꿈쩍하지 않았다. 그렇게 기운 없이 있다가 어찌 손써 볼 틈도 없이 훌쩍 우리 곁을 떠났다.

"여보, 마음의 준비를 해야 할 것 같아." 주말에 집에 온 남편이 심각하게 말을 건넸다. 슬픔이 '쿵'하고 날아들었다. 어쩌면 깜상도 뭉치처럼 곁을 떠나 영원히 볼 수 없다는 생각에 아무 일도 손에 잡히지 않았다. 이미 수면 부족 상태였지만 심한 불면증에 걸린 사람처럼 도무지 잠을 이룰 수 없었다. 잠을 이루려고 눈을 감고 누워도 자꾸만 눈물이 났다. 시름시름 앓던 깜상은 얼마 되지 않아 결국 무지개다리를 건넜다. 생애 두 번째 토끼마저 그렇게 속절없이 떠나보낸 황망함에 울고 또 울었다. 첫 토끼인 뭉치를 떠나보냈고 작게 품었던 생명도 수없이 떠나보냈지만 뜻하지 않은 이별은 언제나 낯설고 힘들다.

  나는 토끼를 유난히 좋아한다. 아니, 좋아하는 수준을 넘어 애정한다. 토끼는 삶의 활력이었고 기쁨이다. 나와 동일시되는 하나의 정체성이기도 하다. 토끼와 관련된 모든 것을 대하는 태도는 늘 특별하고 사뭇 진지하다. 토끼에 진심인 내게 사람들은 묻는다. 토끼를 왜 그렇게 좋아하냐고. 일단 토끼는 아기처럼 존재 그 자체로 귀엽고 사랑스럽다. 순둥순둥한 외양도 그렇지만 오밀조밀한 행동도 무척 귀엽다. 두 발로 얼굴을 감싸며 재빠르게 세수를 하는 모습이나 갑자기 픽 넘어져 뒷다리를 쭉 펴는 모습을 보면 절로 웃음이 난다. 양 볼에 먹을 것을 잔뜩 넣고 오물거리는 모습을 보고 있으면 시간 가는 줄 모른다. 이 귀여운 생명체는 신기하게도 나와 닮은 점이 제법 있다. 언젠가 종이를 꺼내 나와 토끼의 닮은 점을 하나씩 적었다가 열 가지가 넘어서 깜짝 놀란 적이 있다.

  토끼와 나는 일단 눈이 크다. 기본적으로 겁이 많고 신중하지만, 독립적이고 도전적인 면이 있는 것도 비슷하다. 겉으로 보기에는 한없이 순수하고 얌전해 보이지만, 알고 보면 호기심도 많고 고집도 세다. 소리와 냄새에 민감하고 야채와 과일을 좋아하는 점도 닮았다. 또한 낮잠을 즐겨 자는 토끼처럼 내 에너지의 원천도 낮잠이다. 반면 토끼와 나는 명백히 다른 점이 있다. 바로 속도다. 토끼는 빠름의 대명사이지만 나는 정반대다. '토끼와 거북이' 이솝 우화를 떠올리면 나는 민첩하고 영리한 토끼가 아니라 세상 느린 거북이에 가깝다. 모든 면에서 느리고 더딘 부분이 많아 빠르다는 말을 한번 들어보는 게 소원이었으니 말이다.

  운전할 때도 거북이가 따로 없다. 60km/h의 속도를 유지하며 가는 내 차를 다른 차들은 일제히 앞서 추월해나가기 바쁘다. 하도 그런 그림이 익숙해 뒤를 유유히 따라오는 차가 있으면 오히려 이상하게 느껴질 정도다. 집에서도 학교에서도 사회에서도 제일 늦게 밥을 먹는 사람 중 한 명이다. 급식실에 앉아서 반쯤 먹다 주위를 둘러보면 먹성 좋은 아이들은 이미 반 이상 식사를 마치고 빠져나간다. 거의 다 먹고 일어설 때쯤이면 늦게 식사를 시작한 한두 명만이 자리할 뿐이다.

  운동을 좋아하지만 운동에 소질이 없어 남보다 적어도 두세 배는 노력해야 비슷하게 흉내라도 낸다. 운동뿐만 아니라 무언가를 시작하거나 배울 때도 그렇다. 새로운 환경에 적응하는 것도 유난히 다른 사람들보다 느리고 애로사항이 많다. 인생의 과업 역시 한 번에 뜻대로 된 적이 없다. 그렇지만 때때로 느려서 좋은 점도 있다. 결과만큼 과정의 중요성도 알게 되고 과정을 충분히 음미할 수 있다. 운전을 잘하면 일찍 도착해서 좋겠지만 운전을 잘하지 못하기 때문에 얻는 것도 있다. 느리지만 습관적 방어 운전이 익숙해 절로 사고가 예방되고 비교적 안전하게 도착한다. 또한 애초에 서두르지 않기 때문에 주변 풍경을 살필 수 있고 계절의 변화를 느끼며 운전할 수 있다.

 식사 속도가 느려서 좋은 점도 있다. 천천히 먹기 때문에 소화가 잘되고 느린 식사 시간이 찰나의 생활 명상이 되기도 한다. 아침에는 바빠 출근하느라 먹는 둥 마는 둥 하고 저녁에는 아이를 챙기는 것이 우선이라 대충 먹는다. 그러니 점심 한 끼라도 느긋하게 제대로 먹는 것은 하루 중 살뜰히 자신을 챙기는 시간이 된다. 무언가를 배우거나 시작할 때도 나에 대한 기대치와 욕심을 내려놓기 때문에 온전히 그 과정을 즐길 수 있다. 작은 성장과 성취에도 더욱 기뻐할 수 있다. 느리기 때문에 남보다 꾸준해야 했고 늦었기 때문에 요령을 피울 수 없었다. 할 수 있는 최대한은 어떻게든 완주하는 것이었고, 다소 늦을지라도 중간에 그만두거나 쉽게 포기한 적이 없었다.

 언젠가 스스로에게 질문을 한 적이 있다. 느린 거북이라서 빠른 토끼를 좋아하나? 서로 다른 모습에 매력을 느끼고 끌리는 사람들처럼 말이다. 솔직히 얘기하자면, 토끼처럼 날래고

잽싸며 무엇이든 빠르고 야무지게 행동하는 사람을 보면 부럽고 좋아 보인다. 그렇다고 해서 그 사람처럼 행동하기 위해 애쓰거나 속도를 따라잡기 위해 무리할 생각은 없다. 그 사람은 그 사람대로 나는 나대로의 속도와 방향이 있음을 잘 알기 때문이다. 옆에서 달린다고 해서 같이 경중경중 뛸 필요는 없다. 토끼와 거북이의 결말도 결국 빠른 토끼보다 우직한 거북이가 한 수 보여주는 반전을 만들어내지 않았던가. 자신이 빠른 것을 알고 마음 놓는 토끼를 이기는 법은 느림을 알기에 고삐를 당기며 앞으로 나아가는 길뿐이다. 기어코 완주하고자 하는 거북이의 의지와 집념이 있었기에 시작이 늦고 과정은 느려도 결과는 달랐다. 인생이 종종 느려지고 늦어질 때마다 거북이의 승리 비결을 떠올려본다.

남들처럼 살기보다
남달리 살아보기

　충주에 있는 부대 관사로 이사 오기 전까지 주말부부였다. 이전까지 나는 직장과 친정이 있는 대전에 있었고 남편은 부대가 있는 충주에 있었다. 충주로 이사하기 전까지 남편은 독신자 숙소에 살다가 이번에 30평대 관사로 옮기며 함께 생활하게 됐다. 이곳은 비교적 최근에 지은 아파트라 깨끗하다. 크기도 독신자 숙소의 두 배쯤 된다. 구조상 주방이 좁고 수납이 부족하긴 하지만 보증금도 착한 편이고 시설도 쾌적해서 만족스럽다. 드디어 집다운 집에서 세 식구가 함께 지낼 수 있어 기뻤다. 아마 아기가 생기지 않았다면 친정에서 지내고 남편만 여전히 좁은 독신자 숙소에 머물렀을 것이다.
　그런데 기쁜 마음이 드는 동시에 한편으로는 속상한 마음도 들었다. 일명 '국민 평수'라는 집에 들어와 보니 왜 이제야 이런 집에서 살게 됐을까 하는 생각이 들었기 때문이다. 물론 이 집은 우리 집도 아니다. 언제라도 상황이 바뀌면 내줘야 할 나라의 집이다. 이 정도 집 컨디션이면 감지덕지라며 안도했던 모습이 불현듯 떠올라 서글퍼졌다. 다른 사람은 다 집이 있는데 나만 집이 없는 것 같아 불안하고 초조했던 터라 덜컥 집을 샀다. 그 선택으로 인해 돌이킬 수 없는 사달이 나고 말았다. 5년 안에 직장생활을 마치고 작가가 되어 새로운 인생을 살겠다는 계획이 물거품이 되고 말았다. 남편의 수입만으로는 잔금과 세금을 감당할 수 없기에 조기 은퇴는 아득한 일이 되었다.

더도 말고 덜도 말고 딱 남들만큼만 살고 싶었다. 좀 더 욕심을 내어 보통이고 표준이라 생각하는 평균 이상이 되기 위해 오랜 시간 애써 왔던 게 사실이다. 그래서 제대로 쉬어본 적 없이 열심히 그리고 너무나도 성실히 살았다. 그렇게 하면 아주 특별하고 비범하진 않아도 평범 그 이상은 될 줄 알았다. 착각이었다. 손원평 작가의 『아몬드』를 읽으면서 내 전제에 착오가 있음을 알게 됐다. 내가 생각한 '평범'은 최소한의 것이었는데 평범은 기본이거나 당연하게 여길 만한 일이 아니었다. 주인공의 할머니가 하는 말을 통해 평범이라는 단어의 의미를 다시 생각하게 됐다.

부모는 자식에게 많은 걸 바란단다. 그러다 안 되면 평범함을 바라지, 그게 기본적인 거라고 생각하면서. 그런데 말이다, 평범하다는 건 사실 가장 이루기 어려운 가치란다. (중략) 모두들 '평범'이라는 말을 하찮게 여기고 쉽게 입에 올리지만 거기에 담긴 평범함을 충족하는 사람이 몇이나 될까.

평범의 역습이자 재발견이었다. 평범은 당연한 전제가 아니고 누구나 이루기 어려운 가치였다. 평범한 삶은 쉽게 누릴 수 없는 것이고 유지하기도 어려운 것이었다. 곰곰이 생각해보니 양가감정을 가졌던 것 같다. 남들처럼 평범하게 살고 싶으면서도 내심 특별해지고 싶었고, 평범한 삶을 지향하는 듯했지만 때때로 평범함을 거부하고 싶었다. 모순된 두 마음이 함께 공존했던 것이다. 돌이켜 보면 남들과 비슷한 삶을 살아온 것 같지만, 다수가 하지 않을 선택을 하거나 보통 사람들과는 다른 발상으로 행동하는 경우도 많았다. 평범이 당연하고 쉬운 것이 아니라는 걸 우연히 깨닫게 되면서 스스로를 평범하다 여겼던 생각도 재고하게 됐다.

다른 사람들과 생각이 많이 다르다는 사실을 더러 느낀 적이 있다. 우리 집 거실에는 어느 집이나 당연한 공식처럼 있는 텔레비전과 소파가 없다. 거실 공간이 좁아서 배치할 각이 나오지 않거나 집에 아기가 있다고 해서 일부러 그런 것은 아니다. 그저 거실은 소파에 기대 텔레비전을 보는 공간이라는 공식을 깨고 싶었다. 기존에 품었던 오래된 생각이 어느덧 바뀐 것을 뒤늦게 발견하는 경우도 있다. 인생의 목표가 대표적이다. 더 많이 소유하는 삶에서 조금이라도 나누는 삶이 어느덧 인생의 목표가 되어 있었다. 인생 목표가 달라졌으니 당연히 부러워하던 대상도 달라졌다. 전에는 투자에 성공한 사람들이 그 대상이었는데, 이제는 기부나 헌금을 많이 한 사람으로 바뀌었다. 자산이 많든 적든 자신이 할 수 있는 선에서 기꺼이 나눔을 실천할 수 있는 사람이 가장 멋지고 부럽다.

　세상은 더 많이 가지고 더 많이 사라고 한다. 이 거창한 구호가 언제부터인지 귀에서 멀어졌다. 단순함과 간결함이 좋고 미니멀리즘을 실천하는 것이 좋아졌다. 교육에서도 적게 가르치는 'less is more'이 진리다. 때로는 더하는 것보다 빼는 것이 더 어렵다. 충주로 이사할 때 중고 거래를 통해 기를 쓰고 물건을 처분했다. 물건을 비워가며 이삿짐의 부피를 줄이느라 몇 시간 자지 못할 정도로 고생을 했다. 이 과정을 통해 더욱 홀가분하고 명징해졌다. 비우는 행복을 느끼며 다시는 이토록 많은 물건을 소유하지 않겠다고 다짐했다. 언젠가 냉장고 속에 물과 쌀, 김치만 있던 적이 있었다. 그때 얼마나 마음이 가볍고 개운

하던지. 우리의 인생도 그렇지 않을까? 자꾸 채우려는 것보다 약간의 결핍이 있어도 부족한 대로 사는 삶, 내게 꼭 어울리고 필요한 것만 소유하며 가진 것을 나눌 수 있는 삶이 더 의미 있지 않을까?

아무래도 인생의 남다름을 말하자면 10년 만에 엄마가 된 일이 빠질 수 없다. 10년이면 강산도 변하는 엄청난 시간이다. 시간으로 환산하면 87,600시간에 달하는 시간이다. 10년의 난임 기간을 거치며 느림을 다른 관점으로 볼 수 있게 되었다. 노력으로 바꿀 수 있는 느림도 있지만, 살면서 때로는 비교 자체에 의미가 없는 느림도 있다. 각자가 처한 상황이 다르기 때문이다. 상황에 맞는 관점을 갖추면 생각과 행동이 바뀐다. 이왕 늦은 엄마가 되었으니 10년 젊게 살겠다는 마인드가 반갑고 발랄하다. 10년 더 건강하게 살자고 다짐하고부터는 열심히 체력을 키우는 운동에 매진하게 된다. 캐나다 음악가이자 컨트리 팝의 여왕인 샤니아 트웨인은 이런 말을 했다.

나는 남들과 다르고, 나만의 방식을 고집한다는 이유로 비난을 받았는데, 생각해보니 그것이 바로 성공의 비결이었다.

남과 비교하며 사는 삶이 아니라 나의 관점과 방식으로 어제의 나보다 성장하는 삶이 인생에서 가장 중요하다는 걸 단적으로 표현하는 문장이다. 이왕 느리고 늦어졌으니 나만의 특별함을 만들어보자는 다짐, 이 마음가짐이 오늘을 즐겁게 한다.

늦었기 때문에
느리지 않게 된 것

　타고난 운동 신경이 없어 매번 체육 영역에서 고전했다. 다른 직업은 크게 무리가 없겠지만 교대생에게는 큰 약점이 된다. 전 과목을 골고루 잘 해내야 하는 교대의 특성상 체육 학점이 잘 나오지 않으면 학점 관리에 치명타를 입는다. 체육 과목에서 받은 학점은 언제나 처참했다. 죄다 C나 D였고 배구는 심지어 F를 맞을 뻔했다. 손꼽아 기다리던 첫 여름방학에도 학교에 따로 남아 서브 연습을 해야 할 정도로 이 방면으로 영 소질이 없었다.

　소중한 방학을 반납하며 매일 체육관 벽 앞에 서서 서브 연습을 했고 2주 만에 가까스로 통과해 낙제를 겨우 면했다. 고생은 고생대로 하고 결과는 매번 좋지 않았던 체육에 한이 맺혀 체육에서 단 한 과목이라도 A 학점 받는 게 간절한 소원이었다. 마지막 돌파구로 선택한 건 수영이었다. 수영은 몸을 잘 조절하면 될 것 같아 배구 같은 구기종목보다 나을 거라 여겼다. 그래서 수영에 마지막 희망을 걸고 '체육 A학점 받기'에 도전했다. 미리 방학을 이용해 수영장에 등록해서 강습받았다. 당시 학교 수영 시험은 자유형 50m였다. 수영 좀 하는 사람에게는 일도 아니겠지만 왕초보에게는 큰 미션이었다. '내가 과연 25m를 한 번에 갈 수 있을까?' 수영이 난생처음인 데다 물을 무서워했던지라 레일 반대편이 꽤 아득해 보이는 거리였다. 게다가 긴장 때문에 몸에 힘이 잔뜩 들어간 상태로 수영을 하다 보니 하면 할수록 피로가 쌓였다. 매번 수영장에 다녀오면 머리도 아프고 몸이 물을 먹은 것처럼 노곤했다. 처음으로 킥보드를 놓고 수영하던 날은 너무 무서워서 레일 옆에 딱 붙어 다녔다. 수시로 물을 먹어 캑캑거리면서도 이를 악물고 연습했다. 체육 A 학점을 받겠다는 목표를 꼭 이루고 싶었다.

학점을 받는 것도 중요했지만 한 번쯤 반드시 넘어야 하는 산이라 여겼다. 스스로에 대한 자신감을 회복하기 위해서라도 목표를 꼭 달성하고 싶었다. 강습에 한 번도 빠지지 않고 참석했고 주말에는 따로 시간을 내 개인 연습까지 했다. 그렇게 연습한 결과, 25m를 쉬지 않고 왕복할 수 있게 되었다. 자신감이 부쩍 생겨났고 드디어 수영 시험을 보는 날을 맞았다. 마치 시합에 나가는 국가대표가 된 양 가슴이 콩닥거렸다. 호루라기 소리에 맞춰 물살을 갈랐다. 연습한 대로 제법 멋지게 맞은편 레일까지 질주했다. 적어도 낮은 점수대는 아닐 것이라는 확신이 들었다. 얼마 후 떨리는 마음으로 성적을 확인했다. 그리고 큰 소리로 환호했다. 운동에 젬병이자 세상 몸치인 내가 교대 체육 시험에서 난생처음으로 A를 받았기 때문이다.

지금 생각하면 스무 살은 무엇이든 할 수 있고 도전하기 좋은 나이다. 하지만 그 시절엔 그런 생각을 하지 못했고 어처구니없게도 스스로 꽤 나이 먹은 사람이라 여겼다. 그래서 어릴 때부터 수영을 배워 수영 동작이 매끄러운 친구를 볼 때면 왜 진작 수영을 배우지 않았을까 하며 한탄했던 것 같다. 바이올린도 스무 살이 되어 배우기 시작했는데, 바이올린을 이른 나이에 배워 비브라토(바이올린 위에 올린 손가락을 위아래로 흔들어 떨림을 주는 기교)를 능숙히 구사하는 친구를 볼 때면 성인이 되어 기초를 시작하는 내가 참 느리고 더디게 보였다.

지금 아는 것을 그때도 알았으면 좋았을걸. 20년을 더 살아보니 알겠다. 늦었다고 생각할 때가 절대 늦은 게 아니라는 것을 말이다. 예체능 전공자도 아니고 프로선수가 될 일도 아니었는데 굳이 늦었다고 여길 필요가 없었다. 오히려 진로와 관련된 일이 아닌데도 스무 살부터라도 수영이나 바이올린을 배우겠다는 의지는 칭찬받아 마땅한 일이었다. 타임머신을 타고 날아가 과거의 나를 만난다면 꼭 말하고 싶다. 다른 사람과의 실력 차를 의식하는 대신 배움의 즐거움을 온전히 느껴보라고. 배우고 학습하기에 늦은 때는 없다고.

  책을 만난 과정도 마찬가지다. 어린 시절에는 전혀 책에 관심이 없었다. 20대까지도 그저 취미로 손에 잡히는 것만 읽었다. 그러다 어딘가 마음 둘 곳이 없다고 느낄 때 우연히 책을 집었다. 30대 중반에 접어들면서는 뭔가에 홀린 듯 책을 찾게 되었고 제법 많은 양의 독서를 시작했다. 제대로 된 독서가 무엇인지는 마흔 다 되고서야 조금씩 알게 되었다. 어쩌면 책 읽기도 많이 늦었다 할 수 있다. 다만 생각이 좀 깊어진 나이에 시작한 독서라서 그런지 책에 대한 진심은 확실히 각별하다. 그래서 지금은 책을 향한 열정만큼은 누구에게도 지지 않는다는 생각이 든다. 본격적으로 책을 접한 시기는 그리 빠르지 않았으나 책을 잘 읽고 싶다는 열정이 샘솟아 독서법을 주제로 첫 책을 썼다. 뒤늦은 독서 사랑이 작가가 되는 꿈을 이루게 해줬다. 커다란 축복이다.

어딘가에 이루기 위해 그토록 서둘러 달려갈 때
그곳으로 가는 즐거움의 절반을 놓치는 것이다.
걱정과 조바심으로 보낸 하루는 포장도 뜯지 않은 채 버려지는 선물과 같다.

류시화 시인이 엮은 『마음 챙김의 시』에 나오는 데이비드 L.웨더포드의 시 〈더 느리게 춤추라〉에 나오는 구절이다. 영어 단어에서 'present'의 뜻은 두 가진데 하나는 '현재'라는 뜻이고 다른 하나는 '선물'이라는 뜻이다. 우리는 매일 '오늘'이라는 하루를 '선물' 받는다. 서둘러 달려가느라 즐거움을 놓치고 있진 않은지, 오늘 하루를 포장도 뜯지 않고 버리고 있진 않은지 한 번쯤 생각해볼 일이다. 시작이 늦었기 때문에 더 깊은 마음을 가지게 되는 것은 누구에게나 한 번쯤 찾아오는 경험일 것이다. 늦었다고 생각하기에 더 열정을 갖게 된다는 것이 바로 반전의 미학이다. 그래서 느리고 늦었기에 찾아온 인연이 더욱 소중하다. 느림이 내게 준 뜻밖의 행복이 그동안 겪었던 모든 어려움을 상쇄하고도 남는다. 그렇기에 책이 더 고마워진다. 행복한 고백이다.

4장 | 마흔의 시간

인생의 밀도와
일상의 온도를 높여야 할 때

괜찮은 인생인데
왜 눈물이 나는 거지?

2020년은 딱 마흔이 되던 해다. 그해 내내 마음이 무겁고 힘들었다. 지금에서야 돌아보면 중요한 인생의 전환점이었다는 생각이 들지만 당시는 그런 걸 생각할 여유가 없었다. 말 그대로 40대는 연속된 슬픈 서사로 이리저리 치이고 방황했던 시간이었다. 하나하나 들여다보면 한 해에 이렇게 많은 일이 일어날 수 있을까 싶다. 연초에는 부동산 폭등 소식에 가슴이 내려앉았고 봄에는 산후 우울증이 왔으며 여름에는 키우던 토끼를 잃었다. 가을에는 만삭의 몸으로 매진해온 첫 책 출간이 갑자기 지연됐고 연말에는 재건축 아파트 계약 건으로 극심한 스트레스에 시달렸다.

쫓기는 마음으로 홀리듯 집을 사면서 고민과 근심으로 가득찬 마흔을 맞이했다. 게다가 2020년은 코로나19라는 전무후무한 팬데믹 상황까지 오며 온 세상이 패닉에 빠졌던 해였다. 미혹되지 않는다는 불혹(不惑)의 나이에 아이로니컬하게도 인생을 통틀어 가장 심하게 흔들렸다.

'왜 내게 이런 일들이 벌어지는 걸까….'
'언제쯤이면 경제적으로 안정될 수 있을까….'

세상 사람들 모두가 저만치 멀리 가고 있는 것 같은데 혼자만 제자리걸음은커녕 한없이 뒤처지고 있는 것 같았다. 겨우 몸 하나 건사하며 사회생활을 하던 위치에서 아이를 낳고 키우는 엄마가 되어 사회와 단절됐던 시기라 더욱 그랬던 것 같다. 세상은 빠르게 달라지고 있는데 내 인생만 '슬로우'를 건 영상처럼 느리게 느껴졌다. 그 시기에 가장 책과 멀어져 있었다. 출산과 육아 등 묵직한 장애물을 연달아 만나 악전고투하고 있었고 첫 책 집필 작업의 막바지라 원고에 관련된 책을 살피는 독서만 겨우 하고 있었다.

갓 태어난 아기를 돌보던 시기에는 제대로 먹고 자고 씻을 시간조차 없었다. 체력은 이미 오래전에 고갈됐고 영혼이 다 뺏긴 듯 마음도 오랜 기근에 시달리는 상태였다. 나는 책을 가까이해야 살 수 있는 사람인데 이대로는 위험했다. 헤쳐나가야 할 일들이 산더미였기에 텅 비어버린 마음의 곳간을 채워야 했다. 2020년이라는 혹독한 겨울을 어떻게든 버텨내야 했다. 훗날 독서 노트를 살펴보니 1년 가까이 기록한 흔적이 없었다. 출산하러 병원에 가기 전날 밤에 쓴 것이 마지막이었다. 몇 달간 나의 독서는 멈춰져 있었고 응급처치가 필요했다.

CPR(심폐소생술)을 시작했다. 살기 위해 필요한 책을 찾아 읽었다. 다시 숨을 쉬고 마음의 안정을 찾아야 했다. 독서라는 '심리적 CPR'로 쓰러져버린 나를 살려야 했다. 그 시기 나를 다시 일으켜 준 두 권의 책을 소개하고 싶다. 한 권은 이지선 작가의 『지선아, 사랑해』이고 또 한 권은 빅터 프랭클의 『죽음의 수용소에서』였다. 이 두 권의 책은 이미 많이 알려진 책이지만 혹시 아직 읽지 못한 분이라면 정독해보길 바란다.

이지선 작가는 23세에 불의의 교통사고를 당했고 온몸에 중화상을 입어 40번이 넘는 수술을 계속 받았다. 극한의 고통 속에서도 그녀는 삶의 의미를 찾고 내면의 아름다움을 키워나갔다. 놀랍게도 그녀는 지금의 깨달음을 몰랐던 과거로 돌아가고 싶지 않고 지금 이대로도 충분히 감사하다고 말한다. 책에서 가장 인상적인 부분이 있다. 화상 입은 몸의 감염을 막기 위해 전신 소독을 하러 가는 장면이었다. 씩씩하고 유머러스한 그녀도 그 시간만큼은 온 힘을 다해 피하고 싶을 정도로 두렵고 힘들었다고 한다. 얼마 전 아이를 데리고 시장에 가서 아기 유모차를 펼치려다 손바닥을 집힌 적이 있다. 상처 부위가 크지 않았는데도 얼마나 쓰라렸는지 모른다. 작은 상처도 지혈해야 할 정도로 피가 나고 아픈데 이런 상처가 가득한 몸 전체를 소독하다니. 감히 상상조차 할 수 없는 고통이다.

왜 살아야 하는지를 아는 사람은 그 어떤 상황도 견뎌낼 수 있다.

빅터 프랭클의 『죽음의 수용소에서』에서 인용된 니체의 말이다. 이 문장을 본 순간 삶의 정수를 만난 기분이었다. 힘들어서 살지 못하는 게 아니라 삶의 의미를 찾지 못해 살기 힘든 것임을 잊지 않기로 했다. 시련이 인간 승리의 발판이 될 수 있다는 저자의 말에도 깊은 위로를 받았다. 나는 되도록 시련을 피하고 싶었고 지극히 순조로운 삶을 원했다. 그것이 안정된 길이라 믿었다. 하지만 인생은 변화무쌍한 날씨만큼이나 예측불허다. 어떤 사람도 갑자기 마주하게 된 인생의 시련 앞에서 벗어날 수 없다. 어차피 겪어야 할 시련이고 위기라면 조금씩 겪어내며 빨리 단단해지는 편이 낫다. 그 시간을 딛고 일어날 때 그다음에 맞이할 역경의 크기와 무게는 분명 더 작고 가벼울 것이기 때문이다.

저자 빅터 프랭클 박사는 인간이 마주할 수 있는 가장 비참한 상황 속에서도 유머를 잃지 않았다. 저자의 글에 배어 있는 생명의 에너지가 바닥 밑으로 침몰 중인 나를 단박에 끌어올려 주었다. 매 순간 죽음이 스치는 상황에서도 긍정을 선택한 저자의 이야기는 숭고한 깨달음을 주기에 부족함이 없었다. 신변 안전이 보장된 상황에서 자발적인 생각과 선택을 할 수 있는 지금이 얼마나 다행이고 감사한지 모른다.

나를 살린 이 두 권의 책에는 모두 삶과 죽음, 고통에 대한 서사가 담겨 있다. 이상하게 죽음에 관한 이야기를 읽을 때면 삶의 의지가 강하게 피어오른다. 처한 상황이 아무리 괴롭고 힘들어도 현재를 다시 돌아보게 된다. 그러면 존재의 의미를 되새기게 되는 순간을 경험하게 된다. 생사를 넘나드는 인생을 접할 때면 건강과 안위가 중요하지 돈이 대순가 하는 생각이 든다. 나아가 나를 힘들게 하는 일들과 당분간 거리를 두고 내 몸과 마음이 가장 소중한 것임을 새삼 깨닫는다. 무엇보다 가지고 있지 못한 것에 대한 결핍이 아니라 이미 가지고 있어 행복한 것을 먼저 들여다보게 된다. 강렬하고도 묵직한 성찰의 시간이다.

무럭무럭 잘 자라는 아이와 착하고 성실한 남편이 곁에 있다. 가족 모두 아픈 곳 없이 건강하고 안전한 관사에서 편히 지낼 수 있다. 안정적인 직업을 가지고 있고 책을 읽고 글을 쓸 수 있는 시간이 있다. 내게 주어진 것에 감사하고 삶의 모든 면이 당연하지 않음을 알게 되자 인생이 달리 보인다. 뭐 이만하면 썩 괜찮은 인생 아닌가. 비록 흔들리는 불혹이지만 니체의 말을 떠올리며 살아가야 할 이유를 되새겨본다. 이대로도 충분한 마흔임에 슬쩍 안도해 본다.

계획대로 안 된다고
망한 건 아니잖아

 교사가 제일 두려워하는 날은 아마도 공개수업을 하는 날일 것이다. 공개수업이라는 단어만 들어도 예민해지고 매해 해왔어도 할 때마다 부담되고 긴장된다. 공개수업을 할 때면 화장을 안 한 민낯을 드러내는 것만 같다. 교사가 수업하는 건 지극히 자연스러운 일이지만 누가 지켜보고 평가하는 상황에서는 전혀 그렇지 않다. 수업은 아무리 열심히 준비해도 계획대로 흘러가지 않는다. 참관자의 시선이 신경 쓰여 어색한 표정과 경직된 몸짓이 나오는 선생도 그렇고, 어디로 튈지 모르는 예측불허의 학생들도 그렇다. 모든 변수를 대비해 치밀하게 준비하면 될 것 같지만 막상 해보면 말처럼 쉽지 않다. 교사가 공개수업을 의식해 평소와 다른 스타일로 수업을 하면 익숙하지 않은 분위기 때문에 수업 흐름이 막히는 경우가 많다. 학생의 돌발 질문이나 행동이 계속되면 가뜩이나 긴장되는 공개수업이 한순간에 엉망이 되기도 한다.

　나는 상당히 계획적인 편이다. 완벽주의적인 성향이 강해 통제할 수 없는 상황을 극도로 경계하고 돌발 상황을 맞으면 대처를 능숙하게 하지 못한다. 모든 교사에게 공개수업은 부담이 많고 힘든 일이겠지만, 실수 자체를 잘 용납하지 못하는 성향 탓인지 공개수업이 있을 때면 늘 압박감에 시달리고 극도로 예민해진다. 그런 이유로 수업을 대본대로 연출한 적이 있다. 수업 연구대회에 선보일 공개수업을 일말의 변수조차 허용하지 않는 수업이 되게끔 준비한 것이다. 이를 위해 수업의 모든 과정에 학생들을 동원하는 전략을 짰다. 그리고 수업을 미리 짜놓은 틀에 맞춰 철저하게 연습을 시켰다. 수업이 아니라 일종의 연극을 준비한 셈이다.

　수업 연구대회는 1차 영상 심사를 거쳐 2차 현장 심사로 이어진다. 먼저 수업 영상을 찍어서 보내면 거기서 통과한 사람만 2차 심사 대상이 된다. 다행히 1차 영상 심사를 통과했다. 문제는 2차 관문이었다. 현장 심사의 압박이 몰려오면서 내 의도대로 학생들이 잘 해낼지 의문이 들었다. 사실 생방송처럼 진행되는 현장 수업이 심사용 영상에 올린 것처럼 계획한 대로 순조롭게 진행되는 건 거의 불가능하다. 아이들의 반응을 완벽하게 예상할 수는 없기 때문이다.

궁지에 몰릴지도 모른다는 생각에 나름 꾀를 썼다. 아이들에게 발표순서와 내용을 다 정해서 연습을 시키고 리허설을 거듭하며 모든 상황이 일사천리로 흘러갈 수 있도록 철저히 준비한 것이다. 과연 계획대로 잘 흘러갔을까? 아니다. 결과는 좋지 않았고 결과에 상관없이 마음도 편치 않았다. 제대로 된 학습은 자연스러운 분위기에서 스스로 느끼고 부딪히며 얻는 것인데, 아이들을 그저 정해진 틀대로 움직이는 로봇으로 만든 것 같아 좌불안석이 되었다. 수업 대신 연극을 했다는 사실이 마음에 걸렸고 이후에도 큰 후회로 남았다.

수업을 빈틈없이 주도하고 매끄럽게 끝내는 것보다 다소 엉뚱한 방향으로 흘러가더라도 아이들의 자발성과 주도성을 끌어내는 수업을 했다면 어땠을까? 중심을 잡고 분위기가 흐트러지지 않게 최소한의 개입을 하면서도 아이들 스스로 즐길 수 있는 수업. 그런 수업을 했다면 적어도 수업이 연극이 되진 않았을 것이다. 계획대로 흘러가지 않았더라도 괜찮았을 것이다. 투박하고 거친 날것의 수업이라도 빛 좋은 개살구 같은 수업보다는 나을 것 같다.

MBTI(Myers-Briggs Type Indicator) 성격 유형 검사는 MZ 세대들이 중요하게 생각하는 문화 중 하나이다. MBTI는 4가지 선호 경향 지표를 바탕으로 총 16가지의 독특한 성격 유형을 만들어낸다. 이러한 성격 유형을 참고하면 자신을 제대로 이해하는 것은 물론 더 나아가 다른 사람의 행동까지 이해할 수 있다. 나의 MBTI 유형은 INTJ로 용의주도한 전략가 형이다. 전체 인구 중 2%밖에 되지 않고 여성은 더 적은 유형이다. INTJ의 성격은 내향적이고(I) 직관적이며(N), 논리적 사고력(T)을 기반으로 결정하고 판단한다. 4가지 선호 경향 지표 중 마지막이 P(인식)인 사람은 즉흥적인 유형이고 J(판단)인 사람은 계획적인 유형인데, 융통성이 있어 변수에 잘 대응하는 P와 달리 J는 철두철미하고 모든 일에 있어서 계획을 최우선한다.

계획대로 되지 않는다고 망한 건 아니다. 계획한 대로 되는 것이 당연한 것도 아니다. 모든 것을 통제할 수 있다는 전제는 얼마나 오만하고 위험한가. 인생은 그리 만만치 않고 모든 일이 순조롭게 흘러가긴 힘들다. 일말의 변수 없이 어떤 일을 진행하겠다는 것 자체가 자신을 힘들게 하는 과욕일 뿐이다. 내 인생만 살펴봐도 그렇다. 고등학교 시절에 서울의 명문대 영문과를 목표로 공부했지만, 수능 성적이 받쳐주지 않았다. 그래서 차선책으로 교대를 갔지만 돌이켜보면 나름 최선의 선택이었고 내게 맞는 인연이었던 것 같다.

 좋아하는 것과 잘하는 것은 다르다. 좋아하지 않는 것보다는 낫겠지만 좋아한다고 모두 잘할 수는 없다. 학창 시절 영어를 유달리 좋아하긴 했지만 중·고등학생을 능숙하게 가르칠 만한 실력을 갖춘 정도는 아니었다. 또 성적 때문에 우회한 선택이었지만 영어를 전공했거나 일이나 직업으로 영어를 대했다면 순수한 열정으로 영어를 좋아하지는 못했을 거다. 취미이자 자기 계발 차원에서 영어 공부를 하는 지금이 훨씬 만족스럽고 좋다.

 결혼도 그런 것 같다. 계획했던 것보다 상당히 늦게 한 덕분에 교사로서 가장 자유롭고 보람찬 전성기를 보낼 수 있었다. 20대 중후반이었던 5년 동안 젊은 교사로서 마음껏 도전하고 괄목할 만한 역량을 발휘할 수 있었다. 2009년 한 해 동안 받은 상장이 10개를 넘을 정도였다. 역설적이게도 결혼이 뜻대로 되지 않는 바람에 대학원 과정도 결혼 전에 수월하게 마칠 수 있었다. 가끔 직장생활의 부침을 겪거나 스스로 위축될 때면 그 시절의 푸르름을 떠올린다. 성장의 정점을 찍어본 그때를 떠올리며 다시금 힘을 내는 것이다. 가수 양희은의 『그러라 그래』에 나와 있는 전유성 씨의 말을 전한다.

여행 다녀, 신이 인간을 하찮게 비웃는 빌미가 바로 사람의 계획이라잖아. 계획 세우지 말고 그냥 살아.

계획하지 말고 그냥 살라니? 듣기만 해도 마음이 편하고 가벼워진다. 엄청난 계획쟁이인 내가 이 구절을 인상깊게 본 것은 뜻하지 않은 난관을 여러 차례 겪으면서 어떤 고정관념이 철저히 깨졌기 때문이다. 계획대로 사는 게 최선이라는 강박, 그 강박에서 벗어나 더 단단해지고 넓어져야 행복해진다는 깨달음이었다. 계획대로 되는 것도 좋지만, 그 반대로 계획대로 되지 않았기 때문에 인생이 잘 흘러가기도 한다. 새로운 길을 찾기도 하고 뜻밖의 모습을 발견하며 보석을 찾기도 한다. 잠시 우회하고 멈춘다고 해서 길을 떠난 여정이 끝나는 게 아닌 것 같다. 계획대로 잘 되어도 호사다마(好事多魔)가 될 수 있고 계획대로 되지 않아도 전화위복(轉禍爲福)을 맞을 수 있는, 이 역설을 마음에 품어본다.

120세 인생 중
이제 1막이 끝났을 뿐

나이 마흔이 머나먼 일인 줄 알았다. 왠지 마주하기 두렵고 그날이 오지 않았으면 하는 마음이 컸다. 왜 그런지 자세히는 모르겠다. 청춘의 끝자락인 것 같다는 아쉬운 마음 때문인 것 같기도 하고 더 이상 물러설 수 없는 현실의 벽에서 느끼는 서글픈 감상일 수도 있겠다. 주변 사람들에게 마흔이 됐을 때의 심정을 물어보곤 했다. 이제 꼼짝없이 기성세대가 된 것 같아 기분이 좋지 않았다고 한 사람도 있었고 해놓은 건 없는데 나이만 먹는 것 같아 서글펐다는 사람도 있었다. 20대에는 서른이 되면 많은 것이 달라질 줄 알았고 30대에는 마흔이 되면 모든 것이 안정될 거라 생각했다. 그러다가 성큼 다가선 것도 아닌데 마흔이 되었다. 같은 10년인데 30대가 20대보다 시간의 속도가 너무 빨랐다. 그래서일까. 막상 40대가 되어도 크게 바뀐 게 없어 보인다. 나이만 먹었을 뿐.

그래도 40대가 되어 바뀐 게 있다면 좀 노련해진 거다. 가랑비에 옷 젖듯 젖어 들기로 했다. 20대, 30대 입장에서 보면 상당히 비겁하고 도전을 멈춘 타협적인 자세인 것 같아 피식 웃음이 나오기도 한다. 아직도 잘 실감이 나지 않는 마흔의 나이에 그냥 익숙해지기로 했다. 흐르는 대로 조금씩 익숙해지기로 했다. 지나간 시간을 붙잡는 용기보다 흐르는 강물에서 나를 지켜보는 게 더 촉촉해져서다.

마흔이 분명 적은 나이는 아니지만 100세 시대에서 보면 그리 많은 나이도 아니다. 늘어난 수명만큼 입시와 취업, 결혼과 출산, 통과의례 같은 게 크게 바뀌었고 또 늦춰졌다. 예전에는 20대, 30대, 40대 각각의 연령대에 맞춰 삶의 모습이 거의 천편일률적으로 정해진 듯했지만, 지금은 확연히 달라졌다. 당연히 그에 대한 인식도 하루가 다르게 변하고 있다. 실제로 20대 초반에 막연하게 생각했던 마흔과 막상 마흔이 되고 나서의 마흔은 확실히 다르다. 어릴 때는 마흔이 무언가를 시작하기에 늦은 나이라 여겼지만, 지금은 생각이 완전히 바뀌었다. 또 65세 전후의 분들을 은퇴 후 노후 준비를 하는 어르신 정도로 여겼던 생각도 여지없이 깨진다. 자세히 들여다보면 60대분들 역시 자신을 노년기에 접어든 노인이라 생각하지 않고 여전히 도전할 수 있는 나이라고 여긴다. 그런 의미에서 '인생은 60부터'라는 말이 파이팅을 하자는 의미가 아니라, 말 그대로 인생 후반전의 출발점이라는 뜻이 된다. 또 '신중년'이란 단어가 어울릴 법한 60대를 노인으로 표현한 김광석의 노래 '어느 60대 노부부 이야기'도 제목 자체가 영 어색해진다. 70대나 80대로 수정을 해야 하나?

요즈음에는 환갑잔치를 하는 경우를 좀처럼 볼 수 없다. 칠순 잔치도 그리 흔한 편은 아니고 아흔 정도 되어야 장수하신 어르신이라 부르는 분위기다. 노령화 시대로 치닫고 있는 지금의 풍속도를 나열하다 보니, 어쩌면 나이에 대한 고정관념이나 편견에 갇혀 속은 게 아닐까 하는 생각이 든다. 여러 사람과 대화를 하면서 많이 들었던 얘기 중에 스스로가 나이가 많이 들었다며 낙담하는 소리가 의외로 많았다. 아마도 치열한 경쟁관계에서 느끼는 압박감이 상당히 작용했을 거라 짐작이 된다. 늙었다고 얘기하기에는 너무나 한창인 나이임에도 불구하고 자신을 위협하는 후배들을 의식해 내뱉는 푸념일 수도 있다.

짐작컨대 앞으로 20년 정도 후에는 100세 인생이라는 말 대신 120세 인생이라는 말이 대세가 될 것으로 보인다. 그 기준으로 보면, 마흔은 인생 3막 중 제1막을 끝낸 나이가 된다. 다시 말하면 나이 마흔이 인생 무대 중 가운데에 자리 잡은 제2막의 출발점이 되는 것이다. 또 그 연장선에 보면 40대와 50대가 가장 뜨거운 인생의 하이라이트가 아닐까 싶다. 어떤 서사나 정보를 담아내든 간에 글 역시 서론, 본론, 결론으로 구성된다. 서론만으로는 글의 요체를 다 파악할 수 없다. 영화의 경우 앞부분만 보고 극장을 나가거나 단말기 전원을 끄는 경우는 없다. 만약 도중에 감상을 중단했다면 영화를 평하기 위해서는 처음부터 다시 봐야 할 것이다.

어찌 되었든 나이 마흔에서 몇 살 더 먹은 나의 결론은 이렇다. 40대는 서론이 끝나고 막 본론이 시작되는 지점에 선, 삶이 본격적으로 시작되는 중반전의 신호탄을 들은 연령대라는 것이다. 그러니까 진정한 삶의 정수는 마흔부터 시작된다는 것이다. 또 그런 이유로 조금 늦었거나 우회했을지라도 포기하는 마음만 갖지 않는다면 언제든지 도전할 기회가 충분한 게 지금의 40대라 생각한다. 그런 40대에 나는 조금은 웅크린 채 응시하고 있다. 좀 더 도약하기 위해.

영화 〈미나리〉의 정이삭 감독은 의사가 되기 위해 세계적인 명문 예일대에서 생물학을 전공했으나 영화에 매료되어 진로를 선회했다. 뒤늦게 자신의 적성과 꿈을 찾아 다시 공부를 시작했고 남모를 노력을 기울인 끝에 지금의 성공을 일궈냈다. 매진하던 공부를 접고 전혀 다른 삶의 방향을 재설정하는 것은 결코 쉬운 일이 아니다. 한 방향으로 설정된 목표를 유지하며 나아가기도 쉽지 않으니 말이다. 배우 윤여정의 아카데미 여우조연상 수상으로 더욱 화젯거리가 된 영화 미나리는 전 세계적으로 작품성을 인정받으며 정 감독을 스타덤에 올려놓았다. 정 감독은 미국 사회에 정착한 이민 가족이었던 자전적 경험을 바탕으로 섬세한 연출과 함께 미국 사회의 단면을 예리하게 포착한 리얼리티를 탁월하게 살렸다는 평을 받았다. 78년생인 그가 마흔 즈음에 만든 이 영화는 "가장 미국적이다."라는 찬사를 받으며 오스카를 비롯한 각종 시상식에서 상을 휩쓸었다. 영화계에 들어선 그의 시작은 다소 늦었지만 그의 인생 2막은 화려했고 눈부셨다.

 마흔보다 더 늦은 나이인 50대에 빛을 발한 사람도 있다. 서바이벌 프로인 '내일은 국민가수'에서 최종 우승을 거머쥔 포크 가수 박창근 씨다. 젊은 시절 잠시 반짝했던 시절도 있었지만 박창근은 오랫동안 대구를 근거지로 활동해온 50대의 무명 가수였다. 그는 한국 대중음악의 전설 중 하나인 고(故) 김광석을 추억할 때 가장 먼저 거론되는 가수가 되었다. 김광석이 다시 돌아온 것 같다는 뮤지컬 〈바람이 불어오는 곳〉의 주인공

역할을 훌륭하게 소화해냈기 때문이다.

그는 화려함과 인기와 돈을 따라가지 않았다. 유명 프로그램에서 섭외가 오기도 했으나 조용히 자신의 자리로 지키며 가수 생활을 이어갔고 음악 활동을 멈추지 않았다. 초창기부터 매년 음반을 냈던 그는 뒤늦은 나이에 잔혹할 수도 있는 서바이벌 음악 프로에 도전장을 던졌다. 그는 음악적으로 충분히 준비되어 있었던 가수였기에 한 번 찾아온 기회를 놓치지 않았다. 오디션 프로그램에서 최종 우승을 차지한 그의 음악은 기성 가수들을 주눅 들게 할 정도로 탁월했고 경이로웠다. 녹록지 않은 현실 속에서도 자신의 길을 묵묵히 걸어온 자의 결승점이 얼마나 멋지고 아름다운지를 박창근 씨는 여실히 보여주었다.

그의 성공담은 50이 넘은 나이에도 찬란한 인생이 펼쳐질 수 있음을 극명하게 증명한 미담이었다. 멈추지 않고 완주하려는 삶의 자세가 언젠가는 자신의 꿈을 펼치게 할 수 있다는 반전의 미학을 그를 통해 엿보게 되었다. 그 역시 100세 인생의 전반전을 끝내고 후반전에 들어섰을 뿐이다. 우리네 삶을 좀 거시적으로 바라본다면, 사실 숫자는 살아온 날들을 계량화한 흔적일 뿐이지 우리의 인식을 규정하는 잣대가 될 수 없다. 그 경계가 허물어진 곳에서 참다운 가치가 깃들어 있다는 사실은 우리의 삶이 아름답다는 단적인 증거가 된다. 그 아름다움을 가장 멋지게 꾸밀 수 있는 시기가 푸르른 20~30대보다 40대가 더 적합하다는 말은 그래서 과언이 아니다.

작전타임!
시간의 질이 곧 삶의 질이다

　배구나 농구 경기 도중 감독이 외치는 말이 있다. 바로 '작전타임'이다. 작전타임은 우리 팀이 부진하거나 상대팀이 상승세를 탈 때 꺼내는 전술이다. 우선 흐름을 끊기 위해서다. 그리고 팀 내부의 흐트러진 전술을 재정비하고 분위기를 쇄신하기 위한 시간적 여유를 가지며 파이팅도 재점화한다. 스포츠 경기는 거의 대부분 종목에서 경기 흐름이 중요하다. 팀이 경기를 잘하고 있다면 상관없지만 기세가 꺾였다면 작전타임을 통해 분위기를 재정비해야 한다. 만약 상태팀으로 기울어진 분위기가 조성되면 그 경기 흐름을 반드시 끊을 필요가 있다. 그럼으로써 다시금 팀의 중심을 잡아 흐름을 바꾸는 데 총력을 기울이게 된다.

빨리 가는 것보다 더 중요한 것은 '제대로' 가는 것이다. 한때 책을 쓰는 작가가 되겠다며 3년간 책 1,000권을 읽었다. 그 정도의 양을 읽어내면 막연히 글을 쓸 수 있으리라 믿었다. 엄청난 착각이었다. 방대한 양만을 채운 독서는 제대로 된 독서가 아니었고, 결국 그런 맹목적인 독서의 결과는 쓰라린 배신이었다. 작전타임 한번 없이 오로지 앞만 보며 질주한 독서는 그저 1,000권이라는 숫자를 남겼을 뿐이다. 커다란 시행착오임이 분명했지만 그렇다고 성과가 없지는 않았다. 반성을 할 수 있었고 올바른 독서법에 대한 실마리를 찾게 되었으니 쓰디쓴 보약을 먹은 셈이었다.

비 온 뒤에 땅이 굳어진다는 말 그대로 지금의 책 읽기는 매우 효과적이고 목적의식이 강한 독서로 변했다. 우선 책 선정에 신중을 기해 꼭 필요하고 내게 적합한 책을 고르게 된다. 그런 후 한 권의 책을 재독, 삼독한다. 책의 전반적 내용은 물론 책의 요체나 핵심 주제 그리고 자간에 녹아 있는 의미와 가치 등을 완전히 내 것으로 만들기 위해 집중한다. 여러 권을 빠르게 많이 읽는 게 아니라 한 권을 제대로 읽고 쓰고 실천하는 완전 독서를 한다는 의미다. 그렇게 한 권 한 권의 '인생 책'이 늘면서 최고의 자산이라 할 수 있는 독서 노트에도 빼곡하게 콘텐츠가 쌓이고 있다.

지난 시절 소홀히 했던 걸 꼽을 때 가장 먼저 떠오른 것은 단연 시간 관리다. 1,000권을 읽으며 분투했던 3년간의 세월도 상당 부분 허비했다고 생각하면 속이 쓰리다. 다시는 그러지 말아야 한다는 반면교사의 따끔한 교훈을 얻었다고 다독이더라도 그 아쉬움은 여전하다. 우리의 시간은 유한하고 그 어떤 것과도 바꿀 수 없을 만큼 귀중하기 때문이다. 또 시간은 공평하고 쓰는 사람의 의지와 능력에 따라 그 가치가 크게 달라진다. 하루 24시간은 누구에게도 똑같이 적용되지만, 시간의 주인이 되는 문제는 각자의 노력 여하에 따라 결정된다. 인생을 제대로 사는 가장 효과적인 방법이 시간을 효율적으로 사용하는 것이라는 말과 그 의미가 서로 통한다.

한편으로는 그저 쉬지 않고 바쁘게 사는 것을 열심히 살았다고 착각했던 일도 떠오른다. 나는 많은 시간 동안 그저 눈앞에 주어진 일을 쉼 없이 처리하며 앞만 보고 달렸다. 그에 걸맞은 응당한 결과가 올 것이라 믿으면서. 그렇지만 제대로 된 일이 부족했던 만큼 성과가 나지 않았고, 개선하지 않은 채 반복된 '열심히'가 가져다준 결과는 허망했다. 그렇게 시간이 흐를수록 심신이 지쳐가고 시간에 끌려가는 관성에 의해 많은 날을 허비했다. 때로는 한꺼번에 많은 일을 후다닥 해내려다 탈이 났고 맞지 않는 방향으로 질주하다 낭패를 겪었다. 미련하게도 수없이 좌절하고서 깨달았다. 무조건 빨리 가는 대신 정체성을 갖고 제대로 가야 한다고.

나는 멀티보다 한 번에 한 가지 일을 꼼꼼하게 하는 편이다. 또 빠르게 일을 처리하기보다는 몰입을 통해 완성도를 높이는 데 주력하는 편이다. 나의 강점을 제대로 파악하고 그 강점을 살리는 방향으로 일을 했을 때 성과가 난다는 걸 알기까지는 제법 많은 시간이 필요했다. 그런데 그 중요한 것을 체득하고부터는 일을 처리하는 속도까지 빨라졌다. 마흔을 넘긴 지금은 마흔만의 시간을 고민하고 있다. 20대나 30대 때와는 다른 시간 관리법을 말하는 것이다. 체력이 다르고 일과 육아를 병행하는 특수성까지 감안해야 하기 때문이다. 또 올바른 방향으로 이끄는 중심 잡기와 효율성 높이기에 최선을 다하고자 노력한다. 그 길목을 지키며 간간이 작전타임을 꺼내든다.

이른바 선택과 집중은 최고의 방책 중 하나다. 한 번에 한 가지 일을 몰입해서 하는 게 가장 우선하는 원칙이다. 빨리하기 위해 애쓰기보다 출발선에서부터 무엇을 어디까지 할 수 있는지를 냉정하게 파악하는 데 주력한다. 그리고 당연하게도 우선순위를 정한다. 책을 읽을 때는 책만 읽고 글을 쓸 때는 글만 쓴다. 아이를 돌볼 때는 아이에게만 집중하고 집안일을 할 때도 오롯이 그 일에만 신경 쓴다. 그렇게 몰입을 통해 한 번에 하나

씩만 처리하는 단순함을 유지했을 때 여러 가지를 해내려던 때보다 효율이 높았고 가속도도 붙었다.

몰입의 힘을 잘 활용하기 위해서는 컨디션과 환경에 대한 고려가 무척 중요하다. 솔직히 얘기하자면, 나의 최우선순위는 대개 최적의 컨디션 유지를 위한 행동이다. 쾌적한 컨디션이 아닐 때는 거의 다 악전고투가 되기 때문이다. 아이를 돌보는 데 우선순위를 둘 수밖에 없는 엄마일수록 더 철저히 자신의 시간을 가져야 한다는 것은 처절한 신념 같은 것이다. 작은 아이디어지만, 나는 아기방 한쪽에 1인용 작은 책상을 배치했다. 아기를 재우면서 틈틈이 그 공간에서 영감을 떠올리거나 짧은 글을 쓴다. 아이와 함께하는 시간을 늘리고 나만의 평화로운 공간을 확보하기 위한 방법이다. 나만의 원칙을 세우고 좋은 습관을 키우는 것 또한 간과해서는 안 되는 과제다. 그래야 자신을 보호하고 하루의 중심인 루틴을 이어갈 수 있다.

시간의 질을 높이는 데 기록은 매우 유용하다. 기록이 더 번거로울 것 같지만 습관이 되면 일의 효율을 높여주는 데 이만한 방법이 없다. 기록은 중요한 일을 빠트리지 않게 하고 할 일을 한눈에 파악해 바로 행동할 수 있게 한다. 귀찮아서 차일피일 미루던 일도 기록의 힘을 빌리면 순식간에 해결할 수 있다. 얼마 전 아기 보험 상품에서 몇 가지 항목을 삭제했고, 아기 교육용 프로그램 콜센터에 전화해 앱 사용 권한을 받았으며, 컴패션(국제 어린이 양육기구) 앱 개인 정보란에서 주소를 바꿨다. 어렵지 않은 일이지만 유독 행동으로 옮겨지지 않던 일이었다. 이 세 가지를 불과 30분도 안 되는 시간 안에 처리할 수 있었던 건 순전히 기록 덕분이다. 급하진 않지만 언젠가는 해야 했던 중요한 일들을 처리하자 어찌나 속이 후련한지.

시간을 잘 쓰면 기분이 좋다. 주어진 시간 안에 집중해서 무사히 일을 잘 마치거나 짧은 시간 내에 일을 효율적으로 처리하면 성취감이 들고 뿌듯하다. 좋은 기분이 이어질수록 좋은 하루가 되고 좋은 하루가 모여 좋은 인생이 된다. 시간을 어떻게 보내느냐에 따라 하루의 질이 달라지고, 한 달과 일 년의 질도 달라진다. 시간은 내게 주어진 생명수다. 온전히 살아 있는 시간만이 일상을 충만하게 만들 수 있다. 시간의 질이 곧 삶의 질이기 때문이다.

하루는 성실하되
인생은 흘러가는 대로

　취미에 빠져드는 '샛길'을 계속 따라감과 동시에 저의 100년에 걸친 인생을 상징하는 키워드는 바로 '흘러가는 대로 맡긴다'입니다. 대체로 지금까지 살아온 길을 돌이켜 보면 중요한 전환점, 즉 취직, 결혼 제2의 인생 국면에서는 사람들이 말하는 대로, 흘러가는 대로 놔두는 식으로 시절의 흐름에 자연스럽게 저를 맡긴 경우가 실로 많았습니다.

　『슬로 리딩』의 저자 하시모토 다케시는 인생을 잘 살아가고 싶다면 흐름에 순응하라고 말한다. 1912년생으로 100세가 넘는 인생을 영위한 저자는 한 권이라도 '느리고 깊게' 읽을 것을 강조하는 슬로 리딩의 창시자다. 그는 교사로 발령받기 전에 담당자의 권유에 따라 학력이 좋지 않은 학교로 가게 됐지만 학교의 자유로운 교육철학 덕에 자신의 슬로 리딩 교육을 실천할 수 있었다고 한다. 인생이 뜻밖의 방향으로 흘러갔으나 오히려 자신의 교육을 자유롭게 펼칠 기회가 된 것이다. 그의 결혼도 독특했다. 그는 어느 날 누군가의 선을 보지 않겠냐는 권유를 듣고 나가서 그 자리에서 결혼을 결정했다고 한다. 이 결혼이 '대성공'이라고 말하는 그는 50대 후반에 집을 신축할 때도 아내 친구의 권유대로 높은 대지의 토지를 얻어 집을 지었다. 암반이 딱딱해 원하던 지하실은 만들지 못했으나 그 덕에 다행히 한신 대지진 때 피해를 보지 않았다. 그는 다음과 같이 고백한다.

저는 살아오는 동안 적지 않은 것을 흐름에 내맡긴 결과, 우연이라고 하기엔 정말 좋은 결과를 얻는 은혜를 입었습니다.

여운이 있는 말이다. 그가 걸었던 삶의 크기와는 비교할 수 없으나 그의 말에 동의한다. 인생이 자신이 바라고 예상한 대로 흘러가지 않는다는 그 이치를 조금씩 느끼기 때문이다. 힘든 시기를 보낼 때 삶의 모토가 된 한 구절이 있다. "하루는 성실하되 인생은 흘러가는 대로!" 지나온 시간 중에서 가장 느린 내가 되었던 때는 육아휴직 시기였다. 휴직에서 휴는 休(쉴 휴) 이지만 뜻이 무색하게도 매일매일 쉼이 없는 시간이었다. 육아 휴직 기간 중 어느 하루의 일상을 기록한 일기에 그 상황이 잘 드러난다.

잠에서 깼다. 몸이 무겁고 눈도 피곤하다. 아기가 깨기 전에 먼저 일어나야 된다는 생각으로 겨우 몸을 일으킨다. 그리고 책상 앞에 앉아 어제 쓴 원고를 고친다. 한 시간쯤 작업하고 있으니 아기가 깨는 소리가 들린다. 일순간 모든 행동이 정지된다. 엄마의 하루가 시작되는 시점이다. 냉장고에서 사과와 복숭아를 꺼내 상온에 둔다. 두부, 부추, 오이, 양파 등 요리할 재료를 꺼낸다. 토마토 엉덩이에 X자 칼집을 내서 물에 올리고 부엌으로 기어 온 아기에게 물과 유산균을 먹인다. 곧바로 사과를 씻어 강판에 갈아 준 후 남편이 끓여둔 두부 계란국으로 아침을 먹인다. 식후에는 복숭아로 입가심을 하고 우유와 떡뻥(아기용 과자)으로 한 끼를 마무리한다. 오늘은 그래도 일주일 중 가장 좋은 날이다. 내가 좋아하는 도서관에 잠시라도 다녀올 수 있기 때문이다. 수요일에 가면 도서관을 찾아온 아이들에게 간식을 준다. 그래서 부지런히 나갈 채비를 한다. 아이와 함께 나가는 시간은 잠깐이라도 준비할 것이 많다. 카시트에서 아기를 내려 유모차에 태운다. 도서관에서 내가 볼 책 2권과 아기가 볼 책 3권을 빌린다. 도서관이라는 공간이 내게 주는 찰나의 행복을 만끽한 후 아기를 데리고 집으로 온다. 숨이 찬다. 아기도 무겁고 책도 무겁다. 새 책을 좋아하며 달려드는 아이와 달리 내 몸은 일시 정지된 화면처럼 요지부동이다. 하지만 지체할 틈이 없다. 곧 점심 먹일 준비를 해야 하기 때문이다. 에어컨을 틀고 갔지만 돌아오는 차 안이 더워 아기 머리에서 땀이 났다. 아침에 먹다 만 복숭아를 간식으로 마저 먹이며 부채질을 해준다. 아기가 혼자서 잘 노는 모습을 사진과 영상으로 담아 양가에 보낸다. 그러고는 미역국으로 점심을 주는데 오늘따라 밥 먹이는 시간이 오래 걸린다. 아이가 칭얼대기 시작한다. 드디어 기다리던 낮잠 시간이다. 아이를 재운 뒤 이번 주까지 써야 할 원고가 있어 일단 시작한다. 2시간쯤 원고를 쓰고 있으니 아기가 깼다. 어느새 내가 있는 곳으로 부지런히 기어 온다. 오늘따라 집필이 잘 돼 더 쓰고 싶은 마음이 굴뚝같지만 이쯤에서 멈춘다. 저녁 시간을 기약하며 노트북을 덮는다. 낮잠 자기 전에 먹다 만 점심을 마저 챙겨 먹이고 아이를 살핀다. 쉬를 많이 한 기저귀가 묵직해져 기저귀를 갈아준다. 그런 후 아이가 노는 사이 밀린 집안일을 하는데 아이가 열심히 힘을 준다. 응가를 하는 중인가보다. 결국 다시 기저귀를 갈고 물로 씻긴다. 오늘따라 손목이 시큰거리며 아이가 더 무겁게 느껴진다. 어느새 저녁이 됐다. 저녁과 토마토를 먹이고 졸려서 칭얼대는 아이를 재우고 나오니 밤 9시다. 늦게 자는 날은 10시가 넘기도 하니 오늘은 운이 좋은 날이다. 조기 퇴근의 기쁨을 잠시 만끽한 후 책상으로 향한다. 다시 노트북을 켜고 원고를 띄운다. 이로써 엄마의 하루에서 다시 나의 하루로 전환된다.

40대에 접어든 느림보 엄마의 일상은 무척이나 바쁘고 쉴틈이 거의 없다. 그중 육아에 투입하는 시간이 예상보다 많고 노동 강도 역시 만만치 않다. 실제 육아를 경험하면서 놀랐던 점은 아이의 식사를 챙기는 일이 예상 밖으로 큰 비중을 차지한다는 사실이었다. 아기의 일과는 먹는 것으로 시작해서 먹는 것으로 끝난다. 특히 우리 아기는 아침부터 점심까지는 쉼 없이 먹기 때문에 이른 아침부터 부지런히 움직여야 한다. 직장생활을 하면서 육아를 하는 직장맘의 가장 큰 고충은 아무래도 한없이 늘어지는 노동 시간이 아닐까 싶다. 육아의 일과는 출근 때보다 훨씬 일찍 시작해서 퇴근 때를 한참 넘긴 시간까지 이어진다. 매일 초과 근무인데 초과 수당을 청구할 수 없는 노동이며 초긴장 상태를 유지해야 할 때도 부지기수다. 혹여 아이가 아프기라도 하면 하루가 완전히 마비되고 언제 퇴근할 수 있을지조차 기약할 수 없다. 아마 학교 일정만큼만 아이를 본다면 날아다닐 수도 있을 것 같다.

『슬로 리딩』의 저자 하시모토는 부모의 일방적 의지로 아이에게 삶의 방향을 강요하지 말라고 지적하면서 아이 역시 온전한 하나의 인격체라는 사실을 인정해야 한다고 강조한다. 사람들은 대개 하시모토의 지적에 대해 대체로 수긍하는 편이지만, 현실에서는 좀 다르기도 하고 더러는 심각한 갈등으로 드러나기도 한다. 아이를 자주적인 인격체로 존중하고 있는 그대로 인정한다는 그 멋진 말을 내가 제대로 실천할지는 아직 장담할 수 없다. 지금은 평생 못 들을 뻔한 엄마 소리를 듣게 해주는 아이가 무조건 이쁘고 사랑스러울 뿐이다. 다만 그런 엄마가 되겠다는 마음을 끝내 지키리라 다짐해 본다.

마흔, 내 삶을 다시 예열하는 시간

대학 시절 부르던 노래 중 '나이 서른에 우린 어디에 있을까'라는 노래가 있다. 이 노래를 떠올리면 20대 초반의 광경이 몽글몽글 떠오른다. 대학에 가서 민중가요를 익힐 때 배운 노래 중 하나인데 가사가 애잔하다. 기억에 남는 가사는 처음 두 소절이다.

나이 서른에 우린 어디에 있을까
어느 곳에 어떤 얼굴로 서 있을까

막 20대가 되어 이 노래를 부를 때 나이 서른은 아주 먼 미래였다. 막연히 떠올리자면 아이 엄마가 되어 장보기를 하는 모습이나 혹은 인생이 조금 무르익어가는 모습을 상상했을지도 모르겠다. 마흔을 넘기며 20대 때 상상했던 30대와 직접 겪었던 30대를 비교해 보면 피식 웃음이 난다. 혹독했고 시행착오의 연속이었던 30대는 20대에 상상하고 그려본 '어른'과는 거리가 멀었다. 굳이 얘기하자면 세상과 인생의 쓴맛을 알아가는 '어른이'에 가까웠다고나 할까.

문득 2021년 여름의 도쿄 하계 올림픽이 떠오른다. 연일 불볕더위가 기승이었고 한창 원고 작업을 하고 있을 때였다. 올림픽 선수들이 큰 활약을 하고 명승부를 연출할 때면 덩달아 힘이 났고 원고 작업에도 도움이 됐다. 이글이글 타오르는 태양처럼 선수들의 승부욕이 활활 타올랐던 장면들이 많았는데, 펜싱 남자 에페 단체 동메달 결정전이 특히 기억에 남는다. 상대 팀인 중국 선수 실력도 만만치 않아 매 순간이 접전이었다. 점수 차가 벌어져 위기도 있었으나 마지막 주자로 나온 박상영 선수가 전광석화 같은 플래시로 여러 차례 기선을 제압하며 경기 분위기를 완전히 뒤바꿔놓았다. 막고 찌를 때가 언제인지 물러서고 나설 때가 언제인지를 기가 막히게 잘 포착한 그는 눈 깜짝할 사이에 공격을 끝내며 에이스다운 면모를 보였다. 결국 한국팀이 중국을 꺾고 올림픽 남자 에페 단체전에서 처음으로 메달을 따냈다.

준비한 만큼 결실을 맺는다는 점에서 올림픽은 참으로 정직한 무대이기도 하다. 나는 올림픽 같은 국제 스포츠 행사에 열광한다. 무엇보다 투혼을 불사르며 드라마보다 더 뜨거운 승부를 연출하는 광경 앞에 넋을 잃곤 한다. 우회하지 않고 직선 그대로의 열정이 뿜어져 나오는 그 원시성과 솔직함에 매료된다. 승자의 환호도 좋고 승자를 축하하는 패자의 매너도 멋지다. 올림픽을 감상하는 관전 포인트 중에 가장 감동적인 지점은 뭐니뭐니해도 도전정신이 아닐까 한다.

올림픽에서 보는 그런 열정을 닮은 일상을 꿈꾸게 된다. 인생의 밀도가 높아지고 있는 40대이기에 더더욱 그런 삶을 갈망하게 된다. 그래서 마흔을 넘기면서 일상의 온도를 높여 나갈 세 가지 전략을 세웠다. 체온이 1도 오르면 면역력이 높아져 잔병치레 없이 건강한 생활을 할 수 있는 것처럼 온도를 높여 40대를 뜨겁게 달구려는 계획이다. 첫 번째 일상 전략은 '책 쓰기'다. 적어도 3년마다 1권의 책을 쓰는 것이 목표다. 이는 내 인생에서 '출간'이라는 올림픽이 3년 주기로 열리는 것을 뜻한다. 책을 쓰는 일은 책을 읽는 일보다 진입 장벽이 높고 완주 또한 힘들다. 그러하기에 책을 꾸준히 쓰겠다는 목표는 인생의 밀도를 높이는 최고의 보약이 되리라 믿는다. 일과 육아를 병행하는 틈틈이 시간을 아껴가며 책을 읽고 글을 쓰는 일상은 때로 고되지만 성장을 거듭하는 재미가 있다. 책을 쓰다 보면 자연스레 책 출간 이후를 상상하게 된다. 누군가에게 위로와 용기가 될 수 있다는 상상만으로도 가슴이 뛴다.

두 번째 전략은 '영어 공부'다. 내가 하는 영어 공부는 자격증이나 시험 점수가 목표가 아니다. 그저 영어가 좋아서 하는 자발적인 공부이며 순수한 배움이다. 출퇴근할 때마다 귀에 이어폰을 꽂고 한 문장씩 외우면 얼마나 재밌는지 모른다. 무겁던 발걸음도 언제 그랬냐는 듯 가벼워지고 피곤함도 싹 가신다. 영어 공부는 또한 내게 많은 것을 선물한다. 신경 쓸 일이 많고 바쁜 일상을 적절히 환기할 뿐 아니라 두뇌를 맑게 하는 청량제 역할을 한다. 아이를 가르치는 선생이지만 영어를 공부할 때면 좋아하는 공부를 즐겁게 하는 학생이 된 것만 같고, 엄마지만 신나게 노는 해맑은 아이가 된 것 같다. 영어 공부는 일상에 활력을 주는 비타민이다.

세 번째 일상 전략은 '운동'이다. 그동안 꾸준히 '1분 운동'과 '30분 걷기' 및 '5분 스쿼트'를 해왔다. 오래 앉아 있는 습관이 허리와 심장 등 건강에 좋지 않다는 것을 알게 된 후로 1분 운동을 시작했다. 한 시간에 한 번은 자리에서 일어난다는 생각으로 교실 밖으로 나서고 수업 중에도 의식적으로 학생들 사이를 돌아다닌다. 이런 간헐적 움직임이 쌓이면 절로 스트레칭이 되어 거북목이 예방되고 혈액순환에도 좋다. 또한 바쁜 하루 중 찰나의 명상으로 적용돼 적절히 환기된다. 걷기는 워킹맘에게 최적인 운동이다. 언제든지 손쉽게 할 수 있어 접근성이 좋고 따로 비용이 들지 않아 가성비도 좋다. 출퇴근 시간 외에도 아이와 30분 산책하기와 저녁에 30분 걷기 등 일상 속 걷기를 실천한다. 혼자 걸을 때는 평소보다 보폭을 크게 하고 빠르게 걸어 운동 효과를 높이고, 걷기 후 5분 스쿼트로 마무리하며 근력도 챙긴다. 이렇게 운동이 일상에 녹아들면 자연스럽게 컨디션 관리도 되고 체력과 면역력도 좋아진다.

나는 매일 틈틈이 책을 쓰고 영어 공부하며 운동한다. 그렇게 하루 온도를 1도 높이는 활동으로 어제보다 나은 내가 되기 위해 노력하고 있다. 마흔의 시간은 내 삶을 다시 조금씩 예열하는 시간이다. 20대의 뜨거움과 30대의 치열함과는 다른 온도다. 아주 뜨겁지 않으면서 미지근하지도 않은 적당한 온도. 그것이 40대인 내가 만들어가는 온도다.

5장 | 마음의 기초

하루 두 쪽으로 시작하는
마음 챙김 독서법

book comfort,
사람보다 깊은 위로

 가장 기다리는 시간이 왔다. 아기 낮잠 시간이다. 아기가 잠드는 즉시 내 시간이 시작된다. 하루 중 오롯이 허락된 나만의 자유 시간이다. 간만에 인스타그램을 열었다. 첫 책 『독서의 배신』 리뷰 중 보지 못한 글이 있어 반가운 마음에 하나하나 찾아 읽었다. 설레던 마음도 잠시, 이내 간담이 서늘해졌다. 혹평에 가까운 차가운 글이 눈에 들어왔기 때문이다. 그 글은 책이 전하고자 했던 주요 메시지나 맥락에 관한 내용은 거의 없고 지엽적이고 단편적인 부분을 문제 삼으며 알맹이 없는 비난만 하고 있었다. 화가 났고 마음 한구석이 무너져내렸다.
 이런 악성 서평을 받으려고 몇 년간 고생해서 책을 썼나 싶어 회의감이 들고 격한 마음을 진정하기 어려웠다. 보고만 있을 순 없다는 생각에 급히 댓글을 달았다. 생각이 정리되지 않은 상태에서 급히 자판을 두드리다 보니 두서가 없어 지우고 쓰기를 반복했다. 조금만 차분하게 생각하면 그런 감정적이고 즉흥적 대응이 현명하지 못한 행동임을 알 수 있겠지만, 당시에는 순간적인 흥분을 자제하지 못했다.

　많은 노력을 경주한 끝에 저자가 되었지만 노련하고 성숙한 작가와는 거리가 있는 게 사실이다. 나약하고 위태롭기까지 하다. 돌이켜보면 참으로 어리석은 대응을 했고 치기어린 행동이었다. 독자는 독자의 생각과 의견을 나타낼 권리가 있으며 저자는 그 소리에 귀 기울이며 개방적인 자세를 취하는 성숙한 모습을 보여야 한다. 초보 작가는 그런 모습을 보이지 못했고 또 그런 소통에 훈련되어 있지 않았다. 결국 아이 낮잠 시간을 기다려 투자한 휴식 시간 모두를 허비하고 말았다.

　이성보다 감정이 앞섰던 성급한 나를 다독여야 했고 긴급 처방도 필요했다. 잊으려고 해도 자꾸 그 글이 떠올라 일이 손에 잡히지 않아 편히 쉴 수도 없었기 때문이다. 현 상황에서 도움이 될 만한 책을 골랐다. 그리고 간간이 심호흡하듯 짧은 흐름으로 책을 읽어나갔다. 마침 내게 딱 맞는 구절을 만날 수 있었다.

누군가가 문제제기를 한다면, 그 말에서 감정을 분리하는 버릇을 들여라. 언뜻 들으면 상대의 말이 나를 상처 주기 위한 것처럼 느껴지지만 사실 내 기분이 만들어낸 오해일 때가 많다. 상대의 비판을 통해 자신의 결점을 발견하고 부족함을 개선해서 더 나은 사람이 되자. 얼마나 좋은 일인가? 타인의 지적을 자신의 동력으로 삼는 태도. 성숙한 어른만이 보여줄 수 있는 모습일 것이다.

레몬심리의 감정 에세이 『기분이 태도가 되지 않게』에 나오는 구절이다. 이 부분을 읽으면서 마음을 다독였다. 감정을 분리하는 버릇, 이 멋진 표현이 큰 위로가 되었다. 그 의미를 곱씹으며 다시 그 리뷰를 읽어보았다. 저자의 말대로 글쓴이에게서 느껴지는 감정을 최대한 배제하고 글 내용만을 담담하게 파악해보았다. 동의할 수 없는 내용이 없진 않았지만, 생각이 다른 타인이 할 수 있는 지적이기도 했다.

불현듯 그 글을 쓴 사람이 상처를 준 게 아니라 내가 만들어낸 상처라는 생각이 들었다. 내가 기대했던 댓글이나 공감의 메시지와는 거리가 있는 리뷰를 접하며 내가 만들어낸 기분에 의해 상처가 난 것이었다. 내 글에 동의해 주기를 바라는 마음, 공감하고 칭찬해주길 바라는 마음, 내 생각이 옳다고 호응해주기를 기대하는 마음… 이런 주관적인 기대감과 배치되는 리뷰라는 이유 하나 때문에 스스로 불필요한 마음의 상처를 입었다는 생각에 얼굴이 화끈거렸다. 그리고 마음이 편안해졌다. 혹평을 마주한 일로 인해 이 책을 만났고 덕분에 성숙해지는 방법 한 가지를 얻게 되어서다.

나의 가치는 다른 사람에 의해 검증될 수 없다. 내가 소중한 이유는 내가 그렇다고 믿기 때문이다.

또 다른 책 웨인 다이어의 『행복한 이기주의자』 표지에 적혀 있는 문장이다. 빨간 바탕색에 흰색 제목 타이포가 인상적인 이 책은 사실 현실적인 처세 방법론을 감각적으로 제시하는 책이지만, 촌철살인의 문장이 현대인의 삶에 잘 부합하는 내용이 가득하다. 표지의 카피가 전하는 바는 타인의 시선이나 평가에 휘둘리지 말라는 메시지였다. 행복한 사람이 되기 위해서는 타인의 칭찬 혹은 혹평에 일희일비하지 말고 소중한 자신을 지키고 믿어야 한다는 것이다. 내게 딱 필요한 말이었고 그래서 자신감을 얻을 수 있었다. 두 권의 책을 읽으며 상황이 종료되었다. 나름 해피엔딩이다. 그 마음을 나름대로 정리해 보았다.

내 책은 나에게는 금쪽같은 분신이지만 모든 사람에게 만족을 줄 수는 없어. 누군가에게는 비판의 여지를 남길 수도 있겠지. 하지만 그렇다 해도 내 가치는 조금도 손상되지 않아. 진심을 담아 오랜 시간 치열하게 책을 썼고, 책을 쓰는 과정에서 놀라운 성장을 했으며, 내 책을 읽고 응원과 감사의 메시지를 보내 준 독자들이 많잖아. 그러니 앞으로 또 이런 글을 보게 된다 해도 감정적으로 행동하지 말자. 그리뷰를 쓴 사람도 자신만의 관점이 있고 나도 나아갈 방향이 있으니까. 그 일이 있었기에 이제 웬만한 혹평에도 흔들리지 않게 됐어. 그리고 다음날 읽은 책이 더 크게 가슴에 와 닿았으니 이 또한 감사한 일이야.

책을 가까이하는 일은 신기할 정도로 꼭 필요한 말을 만나게 하는 놀라운 경험으로 인도하곤 한다. 때로는 그 길목에서 만난 책이 오롯이 나를 위해 존재하는 것 같은 기분을 들게 한다. 그래서 마음이 흔들리고 무너질 때마다 그 상황에 맞는 책부터 찾게 된다. 그때마다 책은 환영의 표시를 늘 잊지 않고 내 마음을 깊게 헤아린다. 그리고 선한 에너지와 함께 새로운 관점과 생각을 바꿀 수 있는 해답을 선물한다.

버거운 현실에서 도망치고 싶을 때도 마치 응급약을 찾는 것처럼 책을 펼칠 때가 있다. 책이라는 안식처에서 휴식을 취하고 책 속 세상으로 불현듯 여행을 떠나고 싶을 때다. 그러면 다시 현실을 헤쳐나갈 에너지가 채워지고 막혔던 마음이 뻥 뚫리는 여행길에 오르게 된다. 그렇게 나는 'book comfort', 즉 사람보다 깊은 위로를 책에서 받는다.

> 우울하다면 과거에 사는 것이고,
> 불안하다면 미래에 사는 것이며,
> 평안하다면 현재에 사는 것이다.

노자의 말이다. 책을 통해 위로를 받으며 나는 과거의 후회와 미련에서 벗어난다. 그리고 미래를 향한 불안과 걱정에도 매몰되지 않는다. 대신 지금의 나로 존재하며 평안한 현재를 산다. 그렇게 책으로 마음의 기초를 세운다.

나의 중심을 잡아주는
작은 행동의 힘

"정말 갈 거야? 갈 수 있어?"

운전이 서툰 내가 아이를 데리고 혼자 대전에 가겠다고 하자 남편이 재차 물었다. 정말 갈 수 있겠냐고. 아이와 함께 단독으로 장거리 운전을 하는 게 처음이었다. 남편이 일정상 함께 갈 수 없는 상황이었기에 혼자서라도 가야만 하는 일정이었다. 그래서 덤덤하게 가겠다고 얘기했지만, 출발하기로 한 날이 다가오자 엄두가 나지 않았다.

결국 엄마에게 도움을 청했다. 출발 전날 엄마에게 부탁해 같이 가자고 부탁을 한 것이다. 그렇게 해서 엄마와 동행해 아침에 대전으로 출발했다. 그 덕분에 큰 문제 없이 무사히 도착할 수 있었다. 다행이었다. 아기도 한껏 초보 엄마를 도와주었다. 출발할 때 잠시 깨어 있었을 뿐 도착할 때까지 내내 잠을 자면서 엄마를 응원해 주었다.

엄마 찬스를 쓴 대전행은 그렇게 아무런 사고도 없이 넘어갔지만 돌아올 때가 문제였다. 대전에서 충주로 가야 하는 날이 되었다. 이제는 도와줄 사람 없이 혼자 운전해야 했다. 가는 도중에 갑자기 아이가 울고 보채거나 허둥지둥하다 길을 헤매면 어쩌지 하는 별별 생각이 꼬리에 꼬리를 물었다. 달리 방도가 없었기에 홀로서기를 할 수밖에 없었다. 난생처음 아기를 데리고 하는 장거리 운전에 나섰다. 나름 만반의 준비를 하고 비장한 마음으로 운전대를 잡았다. 식구들이 더 긴장한 것 같았다. 헤매지 않고 부디 안전하게 도착하길 기도하며 크게 심호흡을 한 후 출발했다.

차가 한산한 시간대인 새벽에 출발했는데 주말이라 그런지 생각보다 차가 많았다. 긴장해서 손과 발에서 계속 땀이 흘러내렸다. 중간에 화장실을 가고 싶은 것도 꾹 참고 멈추지 않고 쭉 내달렸다. 목적지에 거의 도착할 무렵 길을 잠시 잃긴 했지만 다행히 별 탈 없이 도착했다. 걱정하고 계실 양가 부모님께 서둘러 도착 문자를 보냈다.

대다수 사람에게는 이런 일이 이토록 긴장되는 일까진 아닐 것이다. 아무리 어린 아기와의 동행이고 첫 장거리 운전이라고 해도 말이다. 그럼에도 불구하고 이 상황을 이토록 장황하게 늘어놓는 데는 이유가 있다. 바로 걱정 때문이다.

나는 이럴까 저럴까 하는 지나친 걱정 때문에 행동에 제약이 많은 편이다. 난이도가 5 정도 되는 일도 꼬리를 무는 걱정 때문에 갑자기 10이 되어버려 시작이 어렵고, 대수롭지 않은 일도 눈덩이처럼 커진 걱정 때문에 무섭고 막막한 일이 되기 일쑤다. 어떠한 일이건 적당한 긴장은 주의집중에 도움이 된다. 특히나 운전처럼 안전을 요하는 일은 더욱 그렇다. 하지만 선을 넘는 걱정과 불안은 결국 실체 없는 두려움이 된다. 새로운 시도나 도전 자체를 어렵게 만든다. 그래서 조금은 고집스럽게 첫 장거리 운전을 감행했다. 이번만은 일어나지도 않은 일을 걱정하며 회피하거나 미루고 싶지 않아서였다. 언젠가는 해내야 할 일이었기에 '걱정 말고 Go!'라는 마음으로 행동했다. 그 결과, 계획했던 일정을 무리 없이 진행했고 대전에서 가져올 물건도 챙겨올 수 있었다.

이 일을 계기로 장거리 운전에 대한 약간의 자신감을 가지게 됐다. 마음먹고 차근차근 준비하면 잘 해낼 수 있다는 믿음도 생겼다. 평소 같으면 주저했을 충주 시내 주행도 '난 대전에서 충주까지 아기를 태우고 거뜬히 운전한 사람이다'라는 생각으로 선뜻 나설 수 있었다. 불안과 걱정, 그것을 넘어선 두려움에 직면했기에 얻을 수 있는 변화였다. 우리는 아직 일어나지도 않은 상황을 떠올리며 많은 시간과 에너지를 소비한다. 미래의 일이나 먼 훗날의 일도 미리 불안해하거나 습관적으로 걱정하는 경우가 많다.

불안과 걱정은 더 준비하고 행동하는 사람으로 이끌게 하는 동력이 될 수 있다. 신중한 삶의 태도를 갖추게 하는 등 순기능도 많다. 하지만 불안과 걱정에 마냥 잠식된다면 어떠한 시작과 선택도 어려워진다. 걱정해서 걱정 그 자체가 사라지면 좋겠지만 막연한 걱정은 걱정하는 마음을 키울 뿐 아니라 상황을 악화시키는 요인이 된다. 이럴 때 문제 해결에 도움이 되는 건 걱정하며 불안을 키우기보다 걱정과 행동을 분리시켜 지금 당장 할 수 있는 행동에 집중하는 것이다.

걱정만큼이나 우리가 습관적으로 많이 하는 것 중 하나는 '후회'다. 지나간 일에 미련을 두거나 과거의 선택을 복기하며 자책하는 행동이다. 그렇게 한들 아무것도 바뀌는 게 없는데 말이다. 후회는 확실히 사람을 힘들게 한다. 후회하고 자책하며 자기 비난을 거듭했던 시기가 있었다. 자기 비난이 거듭되면 결국 자기혐오로까지 이어져 자신을 원망하고 증오하게 한다. 법륜 스님의 말처럼 후회가 일종의 자기학대로 이어지는 것이다.

걱정과 후회가 유난히 많았던 나를 조금씩 변화시킨 것도 책이었다. 책이 끊임없이 보내는 메시지와 방법들 덕분이었다. 책들을 반복적으로 읽으면서 마인드 콘트롤을 멈추지 않았고 계속 긍정적인 마인드를 키웠다. 거기에 용기를 얻어 내 인생을 좀 먹는 걱정과 후회로부터 하루빨리 벗어나고 싶었기에 작은 도전들을 멈추지 않았다.

그 과정에서 조금씩 효과를 보았고 실전적인 방법들도 여러 차례 시도했다. 또 언제든 원래의 자리로 가려는 관성에 휩쓸리지 않기 위해 나만의 작은 행동을 만들었다. 수시로 걱정하고 후회하는 나를 알아차리고 멈추기 위한 'Stop & Cut motion'이 그것이다.

⟨Step 1⟩ Stop을 외치며 손바닥으로 저지하는 동작을 한다.
⟨Step 2⟩ Cut을 외치며 양손의 집게와 중지로 가위질하는 동작을 한다.

1단계는 어릴 때 했던 동작 중에 누군가에게 '반사'라고 말할 때 썼던 동작과 비슷하다. 주로 사용하는 손을 '보' 모양으로 펼치면 된다. 오랜 시간 잠복해 있는 습관적인 불안과 걱정을 단호하게 막겠다는 마음으로 "스탑!"이라고 외치며 손바닥을 펼치는 동작이다. 2단계는 집게와 중지를 붙였다 뗐다 하는 가위질 동작이다. 과거의 후회와 미래의 걱정을 동시에 자르겠다는 결심으로 양손을 쓴다. "컷!"이라 외치며 양손으로 쓱싹 쓱싹 가위질하면 된다.

Stop & Cut motion은 흔들리는 자신을 잡아주는 작지만 강력한 행동이다. 현재를 살기 위한 방패이자 마음의 부적이다. 습관적인 불안과 걱정만 예방해도 많은 일을 경험하고 도전할 수 있다. 지나친 후회와 미련, 막연한 걱정과 두려움에서 벗어나는 것만으로도 우리는 덜 불행하고 더 행복해질 수 있다. 우리의 마음을 괴롭게 하는 후회나 걱정은 주변 곳곳에 혼재해 있다. 그렇기에 나의 중심을 세우는 큰 줄기인 독서를 하고, 나의 중심을 잡아주는 곁가지인 '작은 행동'을 한다. 후회하고 걱정할 시간에 하루에 단 두 쪽이라도 책을 읽고, 꼬리를 무는 걱정과 과거에 머문 후회가 나를 흔들 때 수시로 "Stop!"과 "Cut!"을 외친다.

후회는 앞으로 고꾸라지는 격이고 걱정은 뒤로 자빠지는 격이다. 걱정과 후회를 하지 않고 살 수는 없지만, 걱정하는 대신 작게 행동하고 후회하는 대신 딱 한 걸음만 더 가보자. 첫 장거리 운전에 성공한 날의 내가 있기에 걱정과 두려움을 넘어 더 많은 도전과 경험을 할 수 있는 내가 되었다. 그러니 걱정할 시간에 일단 시동부터 걸자. 그리고 외쳐보자.

Stop, Cut!
걱정 말고 Go!

소중한 나를 위한
마음 소파 만들기

　　아이를 낳은 엄마는 첫 한 해 동안 평균 700시간의 수면 시간을 빼앗긴다. 수면의 질도 낮아서 아이를 낳은 부모의 수면 패턴은 토막잠으로 이루어지기 때문에 마음과 육체를 회복시키는 수면의 본래 기능을 다 하지 못한다고 한다. (중략) 부모의 행복도가 가장 낮을 때는 자녀가 영유아기 때와 사춘기 때로, 영유아기 때 행복도가 최저인 이유는 단연 수면 부족 때문이다.

　　아이챌린지 14개월 부모 가이드에 나오는 말이다. 이 구절을 읽으면서야 알 것 같았다. 지난해 유독 모든 부분에서 힘에 부치고 부대꼈는지를. 한편으로는 세상의 모든 엄마도 그런 시기를 겪어냈고 또 겪고 있다는 사실에 위안을 받았다. 엄마라는 새로운 역할이 부여된 시점부터 가공할 만한 삶의 무게가 느껴졌다. 육아는 순식간에 일상 깊숙한 곳까지 파고들었고 아이는 어느새 일상의 모든 것이 되어 있었다. 그동안 해오던 '아내', '딸', '며느리', '선생님'의 역할을 다 합쳐도 엄마라는 역할 하나를 넘어설 수 없었다. 막중한 책임감이 느껴졌고 좀처럼 수월해지지 않았다. 특히 아이가 어릴수록 더 그랬다.

혼자 아이를 보기 시작한 지 두 달 반이 지났을 때였다. 군인인 남편은 출근 시간보다 일찍 나가고 퇴근 시간보다 늦게 오는 날이 많았다. 아이 아빠가 새벽에 나가서 늦은 밤에 돌아온다는 건 그날 하루를 온전히 혼자서 아이를 먹이고 씻기고 재워야 한다는 말이다. 그런 날이 계속되자 지쳐갔다. 독박육아를 하느라 몸이 힘든 것도 있지만 무엇보다 혼자 오롯이 육아를 책임져야 한다는 부담감이 더욱 마음을 어둡게 했다. 남편이 육아를 함께하지 못하는 상황이 머리로는 이해가 되지만 괜스레 화가 나기도 했다.

결국 지친 기색이 역력한 나를 보다 못한 남편이 아이를 어린이집에 보내자고 했고 근처 어린이집으로 상담을 받으러 갔다. 듣던 대로 선생님들도 좋고 상담도 잘 끝냈으나 막상 아이를 낯선 사람에게 맡기겠다고 생각하니 마음이 편치 않았다.

친정에서도 두 돌이 되기 전에 아이를 어린이집에 보내는 건 그리 좋은 방법이 아니라면서 극구 말렸다. 결국 오랜 고민 끝에 어린이집에 보내지 않기로 했다.

어렵게 얻은 아이다. 기적 같은 임신과 출산으로 선물처럼 찾아온 아이다. 그토록 바라던 아이였기에 아이가 생기기만 해도 매일 감사하며 마냥 기쁘게 키울 줄 알았다. 그런데 막상 육아를 본격적으로 하면서부터는 아이의 탄생으로 인한 기쁨과 감사함과 별개로 매일 반복되는 피곤한 일상이 기다리고 있었다. 초보였기에 요령이 전혀 없었고 과도한 긴장감이 심신을 더욱 지치게 만들었다. 어쩔 수 없는 일이었다.

언제까지 힘들다 한탄만 할 순 없었다. 어린이집에 보내지 않고 혼자 아이를 보기로 한 이상 돌파구를 찾아야 했다. 엄마가 행복해야 아이도 행복하니까. 피할 수 없다면 즐기라는 말처럼 어떻게 행동해야 이 상황을 조금 더 행복하게 헤쳐나갈 수 있을지 많은 시간 고민했다. 그렇게 해서 두 가지 해결책을 구상해냈다.

하나는 주말에 도서관 가기였다. 주중에는 아이를 보느라 도서관에 가더라도 잠시 머물다 와야 했으나 주말에는 상황이 달랐다. 주말에 근무가 없는 남편에게 아이를 맡기고 도서관에서 얼마간의 시간을 보낼 수 있었다. 기회가 될 때마다 무조건 도서관에서 내 시간을 가지겠다는 원칙을 세웠다. 천재지변이 일어나지 않는 한 목숨을 걸고서라도 꼭 지키겠다고 비장한 다짐까지 하면서 말이다. 나만의 시간이 절실했고 그런 시간을 통해 충전을 하지 못하면 육아 자체를 감당하기 힘들 것 같아서였다.

주말에 도서관에서 몇 시간 머무는 일이 무슨 목숨까지 걸 일이냐고 할지 모르겠지만 고된 독박육아로 지칠 대로 지쳐버린 심신을 방치해서는 안 된다는 화급한 경고음이 들렸기 때문이었다. 방전된 몸과 마음을 다시 일으켜줄 충전의 시간이 간절했던 시기였다. 동네 도서관은 주말에 정오부터 오후 6시까지만 운영한다. 점심을 먹고 아기를 챙기다 보면 2시가 훌쩍 넘기도 하지만, 일단 나가서 단 3시간이라도 홀로 있는 시간을 가졌다. 주말에 몇 시간이라도 도서관을 다녀온 효과는 컸다. 주중에 힘들다고 불평하는 일이 줄었고 주말에 도서관을 간다는 생각만으로도 평소와 다를 바 없는 고된 육아가 달리 느껴졌다. 무엇보다 일주일의 활력이 달랐다. 바쁜 주중을 보내고 주말을 손꼽아 기다리는 직장인의 일상처럼 5일을 살아낼 에너지가 주말에 채워지는 기분이었다.

이 방법이 효과가 있었는지 일주일의 사이클이 이전과 확연하게 달라졌다. 왠지 활기찬 기운이 생겨났고 마음의 부담도 한결 가벼워졌다. 손꼽아 기다리던 주말이 돌아와 도서관에 발을 내딛는 순간 희미했던 자신이 다시 선명해진다는 그 느낌이 너무 상쾌했고 황홀하다는 느낌마저 들었다. 그 공간에서만큼은 온전히 나로 존재했기 때문인 것 같다.

두 번째는 집 안에 나를 위한 서재를 만드는 일이었다. 주말에 도서관을 가긴 하지만 매일 머무는 집 안에서도 나만의 공간이 필요했다. 잠시라도 나만 머물 수 있는 공간, 틈틈이 독서를 하거나 집필을 할 수 있는 공간이었다. 서재라고 하니 거창할 것 같지만 실제로는 1평 남짓밖에 안 되는 아담한 공간이다. 아기방 창문 옆에 놓은 1인용 책상과 의자 하나가 전부다. 하지만 이 작은 공간이 더할 나위 없이 특별하다. 나를 지키고 소중한 나를 스스로 돌보기 위한 '마음 소파'이기 때문이다. 아이를 키우는 엄마들은 공감할 것이다. 집에 잠시라도 머물 나만의 아지트가 있는 게 얼마나 좋은지를. 오죽하면 '화캉스(화장실+바캉스)'라는 말까지 있을까. 독박육아를 하는 엄마에게는 그런 찰나의 화캉스조차 허용되지 않을 때가 많다. 그래서 낮잠 시간이나 아이가 놀 때 틈틈이 머물 수 있는 마음 소파를 마련하게 되었고 그 효과는 상상 이상이었다.

우리는 많은 시간을 '누군가의 무엇'으로 보낸다. 주어진 여러 역할 속에서 한 영역에 많은 시간을 쏟게 되면 다른 영역에는 소홀해지기 마련이다. 특히 엄마의 역할이 주어지면 아이를 돌보느라 다른 것을 할 수 있는 시간을 모두 잠식당하고 만다. 때문에 자신을 챙기는 일은 엄두를 내지 못해 결국 뒷전이 되곤 한다. 그런데 아이를 키우는 일이 단거리 달리기경주가 아니지 않은가. 먼 거리를 오랜 시간에 걸쳐 가야 하는 장거리 마라톤이기에 긴 호흡으로 대비를 하지 않으면 완주하기 어렵다. 이런 생각과 마주하면서 자신을 지키기 위해 뭔가를 해야 했다. 아이를 위해서도 그렇고 자신과 가정을 지키기 위해서도 탈출구를 준비하는 게 당연한 일이었다.

그래서 두 가지 방안을 원칙으로 세웠고 그 원칙을 철저히 지켰다. 아이를 돌보는 일과 자신을 지키는 일은 어느 것 하나 소홀히 할 수 없는 일이고, 둘 중 하나라도 차질이 생기면 모두 위험해지는 일이 된다. 그런 원칙 지키기에 기합을 넣어가며 절실함을 드러낸 일상이 어느 정도 안정되자 작은 평화를 느낄 수 있었다. 군기가 빠짝 든 초보 엄마의 육아 비법이랄까. 여하튼 통과의례 같은 그 시간을 경과하며 수시로 자신을 돌볼 수 있게 되었다. 내 감정을 살피며 내 마음을 챙기고, 틈틈이 충전할 수 있는 환경을 만들고 나로 존재할 수 있는 공간을 만들었다.

도서관에서 충전하고 마음 소파에서 쉬고 온 나는 '기꺼이' 많은 일을 한다. 집안일이나 육아나 무엇 하나 바뀐 것이 없는

데도 행동할 때의 에너지 자체가 다르다. 가족을 위해 아이를 위해 절로 움직이게 된다. 많은 것을 완벽히 해내는 슈퍼우먼이 아니라 의욕과 애정으로 충만한 해피맘이 되는 것이다.

  나만의 공간에서 1분 1초라도 내가 나일 수 있는 일상을 만드는 게 최선의 육아법이라 생각한다. 건강하고 행복한 엄마만이 행복한 아이를 키울 수 있어서다. 더 무슨 말이 필요할까. 마땅한 공간이 없다면 식탁 한자리라도 깔끔하게 치우고 좋아하는 물건을 올려놓는 것만으로도 충분한, 그런 자신만을 위한 공간과 여백이 진짜 엄마가 앉아야 할 자리가 아닐까. 수고한 나에게 짧은 쉼이라도 주는 일상, 그 일상마저 없다면 엄마의 에너지는 어디서 찾을 수 있을까. 쉼은 멈춤이 아니라 나아감이다. 충전하는 법을 알아야 나아갈 수 있고 휴식하는 법을 알아야 지속할 수 있기에, 나만의 시공간을 찾아 훌쩍 떠나고 소중한 나를 위한 아지트를 만들어보자. 당신의 마음 소파가 어떤 모습일지 사뭇 궁금하다.

하루 두 쪽,
매일 5분의 마음 챙김

　지금 5분의 시간이 주어진다면 무얼 하겠느냐는 질문을 받으면 집 정리를 하겠다고 답할 것 같다. 어린아이가 있는 집에서 정리란 몰아치는 파도에 쓰러질 모래성만큼이나 생명력이 짧은 일이긴 하지만, 이내 흐트러질 것을 알면서도 수시로 정리해야 마음이 편해서다. 그만큼 편안함은 큰 비용을 들여서라도 갖고 싶은 감정이다. 그 편안함을 나는 독서에서 찾는다. 그것도 짬짬이 하는 정리 시간쯤 되는 5분이라는 틈새 시간에 하는 책 읽기로. 그것으로 나는 편안함을 만끽한다. 처음부터 그렇게 된 것은 물론 아니다. 오랜 습관이 되어 자신을 훈련한 결과다. 그렇다고 혹독한 훈련으로 단련한 그런 것은 아니다. 내 마음이 움직이는 방향에 따라 즐기고 그것에서 마음을 위안을 얻고 더 나아가 자신을 계발했을 뿐이다.

  틈새 시간 5분의 책 읽기는 일상에서 수시로 가질 수 있는 충전이다. 마음 충전이고 인생 충전이다. 시간이 날 때 단순하게 즉각 행동하는 찰나의 독서다. 나는 이를 '작게 읽기'라 부른다. 5분의 독서라 하면 아무래도 짧게 느껴질 수 있다. 책을 펼치자마자 몇 줄도 제대로 읽지 못하고 끝날 것만 같다. 독서는 집중이 필요한 일이고 5분은 절대 길지 않은 시간이기에 그런 의구심이 드는 건 당연하다. 그렇지만 그 5분이라는 시간의 의미나 활용 방법을 달리하면 파편 조각 같이 흩어진 5분이라는 물리적 개념에서 벗어날 수도 있다. 일상의 루틴이자 당연한 습관으로 자리 잡은 5분은 그냥 5분이 아니다. 낙숫물이 바위를 뚫듯 찰나의 5분이 매일 꾸준히 이어진다면 결국 한 권의 책을 완독할 수 있기에 각 5분은 소중한 조각들이 된다. 그 조각들이 어우러져 형상화한 한 권의 책 읽기는 의외로 힘이 세다.

  일단 하루 두 쪽의 독서로 매일 5분의 마음 챙김을 하겠다고 생각해보자. 5분씩 틈틈이 자주 읽는 작게 읽기는 시간이 없고 바빠도 할 수 있다. 아무리 바빠도 양치질하고 화장실을 한두 번씩은 가기 때문이다. 시간을 내서 독서를 하겠다는 접근은 시작부터가 어렵다. 안 그래도 바쁜데 해야 할 일이 더 느는 것만 같다. 그러니 간단한 정리나 스트레칭 같은 생활 습관으로 부담 없이 임한다면 의외로 쉽게 접근할 수 있다. 한 시간도 아닌, 단 5분 동안 말이다. 작게 읽기를 위한 나름의 준비 노하우를 공개해 본다.

첫 단계는 읽을 책 준비하기다. 좋은 요리가 좋은 재료에서 시작되듯 독서도 나에게 맞는 좋은 책을 고르는 것에서부터 출발한다. 자신의 처지와 상황에 어울리거나 마음에서부터 끌리는 책을 고르면 된다. 그런 다음 일상생활에서의 활동 반경 내에서 자주 손이 가고 눈에 잘 띄는 곳에 둔다. 자신의 상황이 평소보다 바쁘다면 얇으면서도 내용이 술술 읽히는 책을 두고, 비교적 집중할 여유가 있다면 몰입이 필요하고 중요도가 있는 책을 두면 된다. 작게 읽기를 시작할 때는 한 권으로 가볍게 출발하면 되지만 어느 정도 적응이 되고 실천이 몸에 익으면 두 권 정도 비치하는 게 좋다. 읽을 책이 두 권 있으면 적당한 긴장감이 생겨나 묘한 탄력성을 얻을 수 있다. 집중이 덜 되거나 가독성이 떨어지면 다른 책을 보면 되기에 전환하며 읽기도 좋다. 두 권을 동시에 읽고 싶다면 직장이나 집, 안방이나 식탁 등 장소를 분리해서 두고 읽는 것도 좋다.

그다음 단계는 절대시간 확보하기다. 하루에 단 5분이라도 내 시간을 확보하기 위한 맞춤 전략이 필요하다. 일단 자신에게 맞는 시간대를 정한다. 아침, 점심, 저녁 중 하나를 택하면 되는데, 그중 아침 독서가 가장 효율적이기에 그걸 추천한다. 아침은 다른 시간보다 에너지가 넘치고 외부 자극이 덜해 집중이 더 잘 되기 때문이다. 아침 독서를 안정적으로 하려면 아침 일과 중 시간이 많이 소요되는 일을 미리 해두는 것이 좋은데, 개인적으로는 옷 고르는 일이 가장 오래 걸려 전날 저녁에 다음날 입을 옷을 미리 골라둔다.

평소 기상 시간보다 10분 일찍 일어나 5분의 준비와 5분의 작게 읽기를 실천하면 하루의 시작이 확연하게 달라진다. 작게 읽기가 익숙해지면 간단한 스트레칭이나 단순한 반복운동인 스쿼트를 곁들이기도 하는데, 이렇게 아침을 깨우는 하루는 활력이 넘치는 일상으로 이끌어준다. 종일 충만한 기분을 유지하는 비타민을 섭취한 것처럼. 직장인이라면 점심 시간을 활용해 볼 수 있고, 저녁 시간대를 선택했다면 잠들기 전 머리맡에 둔 책을 읽으며 하루를 마무리하는 독서도 좋겠다. 어떤 시간대든 자신에게 가장 알맞고 지속 가능한 방법을 택하면 된다.

작게 읽기를 제대로 하려면 적어도 10분의 시간을 확보하는 것이 좋다. 5분은 최소한의 시간이기에 집중할 수 있는 전후 시간을 마련해야 독서를 안정적으로 할 수 있기 때문이다. 또한 점점 익숙해지면 읽는 시간을 5분 이상으로 늘리거나 하루

한 번 실천에서 두세 번으로 횟수를 늘리면 된다. 자연스럽게 독서 습관이 잡히는 변화를 느낀다면 절반 이상의 성공을 한 셈이다.

작게 읽기를 지속해서 실천하기 위한 세 가지 방법을 소개한다. 첫 번째로는 정해진 일과 전에 책 읽기를 추천한다. 이는 매일 일정하게 정해진 일과를 진행하기 전에 작게 읽기를 먼저 하는 것을 가리킨다. 화장실을 다녀와서 손을 씻고 식사 후에 양치하듯 두 가지 일이 자연스럽게 하나로 연결되는 행동을 떠올리면 이해하기 쉬울 것이다. 육아휴직 기간에는 주로 아침 시간을 활용한 독서를 했지만, 복직 이후에는 출근 준비로 바쁘거나 여러 변수가 있어 아침 독서가 여의치 않았다. 그래서 고안해 낸 방법이 아이를 어린이집에서 데려오기 전의 작게 읽기 실천이었다. '아이 하원'과 '작게 읽기'를 1+1 세트로 묶은 것이다.

어린이집 원장과 충분히 소통한 후 아이 하원 시간을 30분 늦췄다. 그래서 퇴근 후 귀가를 하면 일단 씻고 간식을 먹은 뒤 편한 자세로 책을 보다가 아이를 데리러 갔다. 이렇게 하면 퇴근하자마자 헐레벌떡 아이를 데리러 가는 것보다 덜 피곤하고 놀아줄 때도 아이에게 더 집중할 수 있어서 좋다. 하원 뒤에 부랴부랴 옷을 갈아입고 화장실에 가는 등 정신없이 허둥댈 필요가 없어 훨씬 여유 있는 저녁 시간을 보낼 수 있게 된다. 일거양득이 아닐까 한다.

그다음으로는 'book first' 원칙 지키기를 들 수 있다. 말 그대로 우선순위의 꼭짓점을 독서에 두는 것이다. 흔히 독서는 좋은 행동이지만 급하지 않다고 여기기에 우선순위에서 밀리기가 쉽다. 하지만 곰곰이 생각해보자. 가장 중요하다고 생각하는 걸 먼저 하는 게 현명한 태도가 아닌가. 자투리 시간이 생기면 가장 먼저 책부터 먼저 읽는다는 발상이 대단히 중요하다. 즉 book first 원칙에 충실해야 작게 읽기에 다가갈 수 있다.

밤에 아이를 재우고 나서도 일단 책부터 읽은 후 다른 일을 하는 습관을 키울 필요가 있다. 아이가 놀던 방 정리나 설거지, 주방 정리도 작게 읽기를 먼저 한 후 실행한다. 책 읽기를 우선하지 않고 눈에 보이는 급한 일과부터 처리하면 그 이후 책을 읽기 위해 자리에 앉기가 더 힘들어진다. 자유 시간이 주어진 첫 10분 안에 책을 읽지 않으면 그날 밤 독서는 계획의 잔상만 남고 멀리 날아가 버리고 만다.

마지막으로는 생각하지 말고 즉시 실천하기다. 어찌 보면 가장 중요한 방법이자 인생 성공 비결이기도 하다. 부지런하고 과단한 결단을 내릴 줄 아는 사람이 과실을 얻을 수 있는 법이다. 미루지 않고 실천하는 일상이 그만큼 중요하다. 틈새 시간이 생기는 즉시 가벼운 발걸음으로 마음 소파로 향하는 것이다. 그리고 곧바로 책갈피가 표시된 페이지를 펼치면 된다. 그 전까지 읽었던 구절을 찾은 후 바로 그다음 문장부터 읽어나가는 행동을 자연스럽게 체득하게 되면 책 읽기가 더더욱 즐거워지기 마련이다. 몸에 좋다며 쓴 약을 억지로 마시는 행동과는 사뭇 달라야 한다. 실천 자체가 즐겁고 과정 1분 1초가 행복해야 작기 읽기가 의미가 있다.

작기 읽기는 행복해지기 위한 발걸음이고 실행에 옮기는 하나하나의 과정 모두가 행복한 발걸음이다. 그리고 5분이라는 시간은 지금 읽을까 말까 고민하는 여유를 갖기에는 상당히 짧은 시간이다. 그러니 곧바로 책 읽기에 집중하는 습관을 갖는 게 대단히 중요하다. 직접 해보면 알 수 있다. 그 시간이 얼마나 소중한지를. 조금이라도 허비하고 싶은 마음이 추호도 없을 만큼 그 시간이 얼마나 아까운지를 직접 느껴보면 실감할 수 있을 것이다. 짧은 시간이기에 더욱더 귀중하고 평화로운 시간을 딴 생각이나 행동으로 허비하고 싶은 사람이 있을까?

요리할 때 넣는 마늘 두 쪽은 가볍게 살짝 들어가는 것 같지만 넣는 것과 넣지 않는 맛의 차이는 크다. 하루 두 쪽, 매일 5분을 읽는 작게 읽기도 마찬가지다. 일과 중 틈틈이 짧게 실행되지만 실천한 하루와 그렇지 못한 하루는 전혀 다르다. 단 5

분이라도 책을 읽은 성취감이 쌓인 일상은 그래서 특별하다. 지금 바로 두 쪽만 읽겠다는 생각으로 책을 펼치자. 더도 말고 덜도 말고 딱 5분만 집중해보자. 어느새 두 쪽은 한 챕터가 되어 있을 것이다. 하루 한 번도 어렵던 작게 읽기가 너무도 당연한 일과가 되어 있을 것이다.

한 달에 한 권으로도
충분한 책 읽기

하루 두 쪽, 매일 5분간 책을 읽으면 어떤 일이 일어날까? 당장은 작고 사소한 일로 여겨질 것이다. 겨우 두 쪽에 불과하고 눈 깜짝할 사이에 훅 지나가 버리는 5분으로 과연 무엇이 바뀔까 하는 생각이 들 것이다. 하지만 반복되는 일은 빨리 몸에 익고 그런 반복을 통해 누적된 힘은 상상할 수 없을 정도로 큰 힘이 된다. 기적이나 마법 같은 일이 벌어지기도 하는데, 이는 반복의 힘이 만들어낸 변화일 뿐이다. 땀은 결코 배신하지 않을 뿐더러 작게 시작해 꾸준히 반복한 일이 당연한 일상이 되면 그 즐거움은 나날이 늘어난다.

집에 돌아오면 소파에 쓰러지기 바쁜 직장인이나 독박육아를 하느라 매일 정신이 없는 엄마에게 당장 책 한 권을 읽으라고 권하면 거부감부터 들지도 모른다. 바쁜 업무로 이미 과부하 상태인 데다 아이를 보느라 화장실 한번 편히 갈 여유조차 없어 이들에게 독서는 시작할 엄두조차 나지 않는 일일 테니 말이다. 그런데 큰 힘을 들이지 않고 한 달에 한 권 정도 독서를 할 수 있다면 어떨까? 바쁜 일상 중에도 나를 챙기며 자연스럽게 책 한 권을 정독할 수 있다면? 적합한 방법이 있다. 바로 하루 두 쪽, 매일 5분간 책을 읽는 작게 읽기를 한 달간 실천하면 된다.

한 달에 한 권이면 일 년에 12권이다. 자신의 인생을 성장과 기쁨으로 이끌어줄 12권의 인생 책 리스트를 만드는 것과 같다. 한 해에 좋은 책을 10권 이상 제대로 읽는 건 생각보다 쉽지 않다. 올해는 꼭 독서를 제대로 하겠다는 새해 결심이 매번 반복되는 것처럼 말이다. 매해 거듭하는 새해 결심과 작심삼일의 악순환을 끊고 실천에 나서는 자신을 만든다면 거듭나는 일상을 만들 수 있다. 작은 실천부터 하면 된다. 그저 지금 읽고 싶은 가벼운 책 한 권을 고르고 눈에 띄는 곳에 무심히 두자. 큰 목표를 정해서 완벽히 행동하는 것보다 가랑비 옷 젖듯 자신도 서서히 익숙해지는 작은 시작이 훨씬 나을 수 있다. 큰 걸음의 출발점 역시 작은 시작이 아닌가.

나는 독서 노트 앞쪽에 번호를 붙여 읽은 책 목록을 작성한다. 이때 제대로 읽은 책의 번호에는 동그라미 표시를 해둔다. 이는 두고두고 다시 참고할 책이라는 나만의 표식이다. 2022년에 작성한 읽은 책 목록 중 동그라미 표시를 한 책이자 가장 감명 깊게 읽은 책은 이영서의 『책과 노니는 집』과 유현준의 『공간이 만든 공간』이다. 두 권 모두 오래 두고 볼 인생 책이라 간략히 소개하고자 한다.

먼저 이영서의 『책과 노니는 집』은 조선 후기 천주교 탄압을 배경으로 한 역사소설이다. 오래전에 학교 도서관에서 한 번 읽고 잘 기억해두었다가 올해 초에 구매해서 다시 읽었다. 문학동네어린이문학상 대상을 수상한 이 책은 초등학교 고학년용 책이지만 어른이 읽어도 유용할 만큼 전하는 메시지가 특별하고 감동적이다. 신유박해, 즉 1801년 신유년에 일어난 천주교 박해 사건을 배경으로 쓴 글이라 당시의 내밀한 역사를 알아가는 것도 흥미롭고, 이야기 전개가 매끄럽고 감정 표현이 인상적인 부분이 많다. 역사적 고증도 자세히 나와 있고 내용의 이해를 돕는 잔잔한 그림까지 조화롭다.

또한 등장인물 중 책을 좋아하는 양반인 홍교리 캐릭터도 매력적이다. 그는 책방 심부름꾼인 장이와 대화할 때 아비처럼 따뜻하게 대하는데, 신분의 높고 낮음이나 나이의 많고 적음을 떠나 아이를 존중하며 동등하게 대하는 그의 태도가 사뭇 정겨울 뿐 아니라 존경스럽기까지 하다. 아울러 책방 주인이 책을 배달하러 가는 소년 장이에게 "네가 하는 일은 지식을 배달하는 일이야."라고 말하는 장면이 감명깊게 떠오른다. 책방 주인이 장이에게 책 배달의 의미를 일러주는 대목에서 내 인생에서 책을 쓰는 일이 어떤 의미인지를 되새기게 되었다.

나는 이 책을 정독으로 일독, 노트에 기록하며 이독, 훑어보기로 삼독했다. 3년 뒤, 5년 뒤, 10년 뒤 내 인생이 무르익어갈 때 다시 읽게 된다면 또 어떤 것들이 보이고 느껴질지 기대가 된다. 또 나중에 초등학생이 된 아이와 이 책으로 같이 소통하며 나눌 대화도 문득 궁금해진다.

지난해 가장 인상 깊게 읽은 두 번째 책 『공간이 만든 공간』은 많은 독자가 선택한 베스트셀러다. 건축학자 유현준의 풍부한 지식과 독특한 시선이 빼곡하게 담긴 이 책은 역사, 문화, 사회, 경제 등 건축과 연결된 융복합적인 지식은 물론 우리의 삶으로 향하는 공간 개념에 대한 명쾌한 시선을 제공하는 놀라운 교양서다. 책 내용 중 고개를 끄덕이며 공감한 부분은 "건축은 엄청나게 큰 에너지와 돈이 들어가는 일이다 보니 많은 사람의 지혜를 모아야 하고 크게는 사회적 동의가 있어야 만들어질 수 있다."라는 부분이었다.

이 책을 접하며 건축학에 담긴 새로운 매력에 매료되어 저자의 다른 책도 찾아 읽었다. 그러면서 건성으로 보았던 많은 건축물을 새롭게 보게 되었고 우리를 둘러싼 공간에 대한 통합적 시선도 갖게 되었다. 이 책을 읽기 전에는 건축물을 '그냥 주어진 것'으로 받아들였지만, 책을 읽은 후에는 '나라면 어떻게 지었을까?', '이 공간을 어떻게 하면 더 효율적으로 바꿀 수 있을까?' 하는 생각을 하며 공간에 대한 감수성을 키울 수 있게 되었다.

 책 읽기는 한 달에 한 권으로 충분하다. 지속적으로 실천하기에 부담 없는 목표다. 점차 작게 읽기에 속도가 붙으면 한 권을 한 번 읽는 것에서 재독, 삼독하며 인생 책을 늘릴 수 있다. 한 달에 한 권의 책을 읽는 가치는 결코 작지 않다. 매달 좋은 책 한 권을 읽는 것은 배울 점이 많은 훌륭한 사람과의 만남과 같기 때문이다.

 저자가 공들여 쓴 책을 통해 우리는 자신의 지식과 경험을 나누는 한 사람의 인생을 만난다. 매일 5분의 작게 읽기를 한 달간 실천한 행동만으로도 누군가가 수년에 걸쳐 이룬 내공과 노하우를 자신의 것으로 만들 수 있다. 앞서 추천한 책 두 권을 읽은 나와 읽지 않은 나는 분명히 다르다. 하물며 1년에 12권의 책을 읽는 변화가 인생에 걸쳐 쭉 이어진다면 어떨까? 10년이면 120권이고 30년이면 360권이다. 그때쯤 나는 어떤 사람이 되어 있을지 그려보며 오늘도 책을 펼친다.

조금 느리다면
작게 읽기를 권합니다

고요한 새벽에 홀로 있는 시간. 나는 이 시간을 사랑한다. 아침이 오기 전 고즈넉히 보내는 나만의 시간은 작고 소소하지만 없으면 안 될 기쁨이다. 그런데 요즘은 도통 이 시간을 가질 수 없다. 새벽 시간을 만끽하던 예전의 내가 잘 기억나지 않을 정도다. 엄마라는 역할이 더해지고부터 수면 부족과 만성피로감에 시달린 탓이다.

피로가 쌓인 일상은 아침 기상부터 탁하다. 8시가 넘어서야 겨우 몸을 일으킨다. 어제 모처럼 일찍 잤는데도 영 피로가 풀리지 않아서다. 몸이 뻐근하다 못해 바닥으로 꺼질 것처럼 무겁다. 더 자고 싶지만 그럴 수는 없다. 혼자의 몸이 아니기 때문이다. 나는 아이를 먹이고 돌봐야 하는 엄마다. 엄마가 된 일상은 빠른 듯 느리다. 온종일 쉴 틈 없이 바쁜 데도 내 인생에서 가장 느리다고 여겨진다.

먹이고 놀리고 씻기고 재우고… 매일 쳇바퀴처럼 반복되는 고단한 하루. 먼 훗날 이 시간이 그리워질 때가 있을 거라 머리로는 짐작하지만 가슴으로는 전혀 와닿지 않았던 시간들. 누구 하나 내 맘 알아주는 이 없는 외로움과 홀로 도태되고 정지된 것 같은 서글픔. 그 공간에서 초점 잃은 눈이 된 초라한 모습. 가장 힘들었던 시기의 자화상이다. 대부분이 그렇겠지만 주어진 삶에 무너지지 않기 위해 사력을 다했다고 자부한다. 기쁘고 보람찬 순간도 많았지만 유독 내게 쉽게 주어지지 않는 것이 많아 절망했던 시간을 아직도 선명히 기억하고 있다. 심한 박탈감에 열심히 산들 뭐 하나 싶어 포기하려 했고, 또 반복된 희망 고문과 좌절에 지쳐 눈물조차 말라 버린 날들을 어찌 잊을 수 있을까.

누구나 자신이 느리다고 생각되는 시기가 있다. 살다 보면 뜻하지 않게 멈춰지거나 도태됐다고 느끼며 힘이 빠지는 순간이 있다. 어떤 이는 직장에서 큰 시련 없이 수월하게 승진하며 살아가지만, 누군가는 그것이 유독 어려운 일일 수 있다. 열심히 노력했음에도 불구하고 한 끗 차이로 실패를 겪을 수 있고,

예기치 못한 변수로 애써 왔던 모든 것이 무너진 이도 있을 것이다. 불운한 타이밍으로 삶의 의지가 꺾인 이도 있을 것이고, 느닷없이 찾아온 삶의 시련으로 길을 잃고 방황하는 이도 있을 것이다.

나는 삶의 이런저런 면에서 느린 사람이었고 인생에서 느리고 늦어진 순간이 숱하게 많은 편이다. 그래서인지 느린 사람의 불안과 초조함을 누구보다도 잘 안다. 늦거나 뒤처진 사람의 절망과 좌절에 깊이 공감하게 된다. 그렇지만 느림이 곧 약한 것은 아니라는 걸 알게 되었다. 한 번쯤은 느리기에 늦지 않게 된 것을 말하고 싶었고, 때로는 느리기 때문에 감사한 일을 나열해보고 싶었다. 조금 느려도 자신의 방향과 속도로 가면 된다고 외치고 싶었다. 그렇게 나처럼 느린 이들을 위해 작게 읽기를 권하고 싶었다. 세상의 속도에 절망하거나 남과의 비교로 좌절하기보다 마음의 기초를 다지고 자신의 중심을 잡으며 매일 5분이라도 자신을 챙기길 바랐다. 그래서 이 책을 기획했고 이 원고를 썼다. 특히 아이를 돌보느라 나를 잃어가던 시기에 작게 읽기는 매일 반복되는 하루의 구심점이 됐다. 피폐해진 일상을 견디게 하는 활력이 됐고 아낌없이 에너지를 선물했다. 그 덕분에 일어설 수 있었고 환하게 웃을 수 있게 되었다.

마음이 무너져내리는 경험을 했기에 마음의 기초를 세우는 일이 얼마나 중요한 것인지 안다. 항상 책을 통해 길을 찾았기에 인생의 기로에서 독서가 얼마나 중요한 이정표가 되는지도 잘 안다. 조금 느린 사람들의 마음을 독서로 다독이고 싶었고 지속적인 실천을 자연스럽게 유도하고 싶었다. 그래서 하루 두 쪽으로 시작하는 마음 챙김 독서법을 생각해냈다. 독서라는 단어 대신 작게 읽기로 말하고 싶은 이유가 있다. 일단 '작게'라는 말 자체가 가볍고 부담이 덜하다. 또 독서는 정말로 시작이 반이라 힘을 주는 완벽한 시작보다 작고 소소한 시작을 말하고 싶었다.

 인생이 느리고 늦어졌다면 아무래도 심신이 지치고 고단한 상황일 것이다. 많은 힘이 필요한 시작은 부담이 커서 실천에 옮기기 어렵고 꾸준히 나아갈 수도 없다. 그래서 찰나의 명상을 하듯 순간순간 자신을 챙겼으면 했고, 생활 습관처럼 부담 없이 즉시 자주 실행하길 바랐다. 작게 읽기는 매일 5분이라도 내 마음을 챙기겠다는 작지만 단단한 의지이다. 내 일상과 인생의 중심, 즉 나의 중심을 잡아주는 작지만 위대한 행동이다. 인생의 템포가 느리다면 그 속도에 보폭을 맞추면 된다. 힘을 주어 읽는 대신 자연스럽게 읽고, 거창하게 읽는 대신 작게 읽는 시작을 하면 된다.

 작게 읽기가 꾸준히 쌓이면 이 누적된 행동이 인생의 도움닫기가 되어 비상하는 순간이 올 것이다. 그러니 그저 딱 두 쪽만 읽겠다는 일념으로 아주 작게 시작해보자. 나의 공간인 마음 소파를 만들고 현재 내 상황에 맞는 책 2권을 눈에 띄는 곳에 두자. 무엇보다 자연스러운 시작과 지속적인 실천이 중요하다. 앞서 얘기했듯이 작게 읽기를 한 달간 실천하면 어느덧 한 권의 책을 읽을 수 있다. 나도 모르는 사이에 1년에 10권 넘는 책을 읽게 되고, 그렇게 성장한 내가 더 큰 성장을 꿈꾸며 새로운 목표를 세우게 된다.

인생의 속도가 한없이 느리다 생각되고 자신이 삶의 지각생으로 여겨진다면, 이 이야기를 통해 느림을 다른 관점으로 볼 수 있었으면 좋겠다. 때로는 늦었기 때문에 새로운 길을 가게 되고 지름길을 찾을 수도 있다. 부디 느리고 늦었다는 생각에 갇혀 하나뿐인 소중한 인생을 더욱 더디게 만들지 않았으면 한다.

인생을 살아가며 우리는 계속 비바람을 만날 것이다. 비를 흠뻑 맞고 바람에 흔들리는 자신과 무수히 마주할 것이다. 하지만 조금 흔들리면 어떤가. 다시 나의 중심을 잡을 수 있는 행동을 하면 될 일이다. 작게 읽기 같은 행동 말이다. 실체 없는 불안과 걱정이 찾아올 때면 그 감정을 다시 살아갈 원료로 바꾸면 된다. 누군가의 이야기와 메시지가 담긴 책을 읽으며 조금씩 힘을 내면 된다. 그렇게 느리고 늦어진 나를 보듬고 작게 읽다 보면 언젠가는 알게 될 것이다. 성장과 완주를 향해가는 길목에서 조금 느리고 잠깐 늦어졌을 뿐이라는 걸.

6장 | 소확독 일상

매일 내게 커피 한 잔의
독서를 주기로 했다

내가 없는 일상에서 읽는 내가 되는 것

출산 후 100일이 지나 학교로 다시 출근했다. 그동안 알고 있었지만 새삼 깨닫게 된 사실이 있다. 아무리 바쁜 시기라도 일하는 것보다 육아가 훨씬 힘들다는 것이다. 아침에 친정엄마에게 아기를 맡기고 도망치듯 출근했다. 엄마한테 죄송하면서도 한편으로는 해방감이 느껴졌다. 반면 퇴근하고 집에 갈 때면 다시 출근하는 기분이다. 집에 가까워질수록 발걸음이 느려지고 한숨이 절로 쉬어졌다. 언젠가 쌍둥이를 키우는 남편 동기가 퇴근하는 차에서 "지옥문이 열리는구나!"라고 외치며 문을 여는 걸 보고서 크게 웃은 적이 있다. 그때만 해도 그것이 내 일이 될 줄은 전혀 생각지 못했던 때라 그렇게 호탕하게 웃을 수 있었다. 실제 육아를 하게 된 지금에야 알겠다. 얼마나 힘들었을까? 한 명도 버거운데 두 명을 동시에 돌봐야 한다니. 쌍둥이 부모를 포함해 두 명 이상의 자녀를 키우는 부모들에게 새삼 경외심이 들게 된다.

어느 날, 육아가 이렇게 힘든지 몰랐다는 내게 워킹맘인 후배가 말했다. "몰랐어요? 선생님, 애 보는 게 제일 힘들어요. 그래서 요즘 복직자가 많은 거예요." 그랬다. 최근 직장 내 육아시간을 주는 제도가 생기면서 복직자 수가 부쩍 늘었다. 어린아이를 둔 부모에게 하루에 2시간씩 육아시간을 쓸 수 있게 된 것이다. 애를 돌본 후 천천히 출근할 수 있게 되었고 또 오후에 일찍 들어갈 수 있는 선택지가 있으니 한결 시간적 여유가 생겼다. 게다가 월급은 그대로다. 갑자기 복직자가 폭증한 데는 다 그만한 이유가 있었다.

엄마가 되는 순간부터 완전한 퇴근은 없다고 보면 된다. 아기가 밤에 자면 육퇴(육아퇴근)를 할 수 있지만 자던 아기가 갑자기 깨어나 우는 날이 허다하다. 혹여나 아이가 아프거나 열이 나면 불침번 모드로 바뀐다. 그럴 때는 밤을 새우거나 쪽잠을 자며 버텨야 한다. 편히 쉴 수 있는 시간이 부족하니 체력도 달리고 마음의 여유가 없어진다. 쉴 새 없이 반복되는 일과에 숨이 턱턱 막힌다. 예기치 못한 변수에 짜증이 밀려오기도 한다. 오죽하면 엄마도 사표를 쓰고 싶다는 말이 나올까. 그만큼 아이를 가진 부모의 삶이란, 특히 육아에 더 많이 관여할 수밖에 없는 엄마의 삶이란 이토록 고단하다.

남편은 직업 특성상 출근 시간이 들쑥날쑥하다. 남편은 나가기로 한 시간에 나가면 그만이지만, 아빠 출근 소리에 이른 아침부터 아이가 깨면 덩달아 새벽 출근을 해야 한다. 그런 날은 야속하게도 하루가 참 길다. 주중에는 이른 아침부터 늦은 저녁까지 혼자 아이를 보는 날이 많았다. 온종일 아이와 내리 5일을 보낸 내게 주어지는 유일한 쉼은 주말에 도서관을 가는 시간이다. 그것도 남편의 주말 근무와 중요한 일정이 없어야 가질 수 있는 시간이다. 몇 시간일 뿐이지만 이 시간은 사막에서 만나는 오아시스 같다. 위태로운 나를 위로하고 살리는 생명수다.

"나 12시에 출근할게."

주말에 남편이 집에 있을 때면 나는 그 즉시 '출근'을 선포하고 집을 나선다. 육아 휴직 기간인 데다 주말인데 웬 출근이냐고? 일하러 가는 출근이 아닌 '읽으러 가는 출근'이다. 내가 없는 일상에서 읽는 내가 되는 유일한 시간이다. 이것저것 챙기다 보면 항상 예정된 시간보다 늦게 나오게 된다. 얼마나 소중한 기회인가. 1분 1초도 허비할 수 없다. 적절한 긴장감이 있어야 집을 나서는 시간도 늦지 않기에 도서관에 가는 것을 '출근'

이라고 명했다. 이는 암묵적인 원칙이자 자신과의 약속이었다.

당연하지만 때때로 당연하게 여겨지지 않는 일이 있다. 바로 엄마도 휴식이 필요하다는 것이다. 엄마도 엄마로의 퇴근을 하고 자신으로 존재할 시간이 있어야 한다. 아니다. 최소한의 휴식은 누구에게나 꼭 필요하며 이는 존중받아 마땅한 권리이다. 어떤 일이든 쉼 없이 계속할 순 없기 때문이다. 아이의 존재가 나보다 커지는 일상 자체를 바꿀 순 없지만 바꿀 수 있는 것도 있다. 내가 없는 일상에서도 책을 읽는 일상을 지키는 것이다. 그렇게 읽는 내가 되어 떨어진 자존감을 보살피고 에너지를 충전한다. 그리고 마음을 가만히 들여다본다. 자식을 돌보듯 자신도 '마음속 어린아이'를 보살피고 챙긴다.

식당에는 휴식 시간이 존재한다. 다음 영업에 쓸 재료를 준비하고 식당 전반을 재정비하기 위해서다. 스페인과 같은 유럽 나라에는 낮잠 시간인 시에스타(Siesta) 문화가 있어 오후에 정해진 시간 동안 철저히 휴식을 취한다. 한낮의 무더위로 일의 능률이 오르지 않는 오후에 2~4시간 동안 낮잠으로 원기를 회복하면 저녁까지 활력 있게 일할 수 있기 때문이다. 식당처럼 엄마도 브레이크 타임을 가질 필요가 있다. 하루 중 틈틈이 자신을 회복하는 시스템을 구축해 재정비하는 시간을 가지며 쉴 수 있는 여유가 절실하다. 반복되는 일상으로 지친 몸을 쉬게 하고 활력을 줄 수 있는 여행 같은 전환점이 있다면 엄마의 일상은 확연히 달라질 것이다. 내게 '쉼'이란 시간에 쫓기지 않고 원 없이 책을 읽는 것이다. 또한 '여행'의 의미는 원할 때 언제라도 자유롭게 도서관에 가는 것이다. 그래서 주말에는 도서관으로 일상 여행을 떠나고 주중에는 집에 있는 마음 소파에서 작게 읽기를 한다. 이것이 내게 딱 맞는 쉼의 형태이다.

  나는 더 이상 일에 쫓기느라 시야가 좁아진 내가 아니다. 피곤함에 찌들어 작은 일로 예민해지는 내가 아니다. 충전된 에너지로 즐겁게 할 일을 하고 진심으로 아이와 놀아주는 엄마이며, 애써 노력하는 엄마가 아니라 기꺼이 넘치는 사랑을 표현하는 엄마다. 엄마가 되는 여정은 긴 호흡으로 가야 하는 장거리다. 눈앞에 닥친 일을 계속해내는 것만으로는 한계가 있다. 마라톤은 결승점까지 페이스를 조절해야 한다. 초반부터 무리한다면 갑자기 넘어지거나 발목을 삐는 등의 부상이 생길 수 있다. 육아라는 레이스 위에서 내가 없는 일상이 아니라 아이와 내가 함께 하는 일상을 달린다. 오늘도 읽는 내가 되어 나를 지키고 나의 중심을 지킨다. 지치지 않게 긴 호흡으로, 작게 읽는 나만의 숨 고르기로.

불안을 다스리는
매일 읽기의 힘

바쁘고 각박한 현대사회 속에서 우리는 내재한 불안을 안고 살아가고 있다. 인간이 자주 느끼면서도 가장 꺼리는 심리 상태는 아마도 '불안'일 것이다. 불안한 감정은 왜 이토록 우리를 힘들게 할까? 저마다 다양한 이유가 있겠지만 대부분의 공통적 요인은 인생의 불확실성 때문일 것이다. 많은 직장인은 자신이 직장을 언제까지 다닐 수 있을지를 고민하며 불안해한다. 자영업을 하는 사람들의 불안감은 직장인들보다 가파르고 굴곡이 심하다. 코로나19와 같은 팬데믹 상황이 언제 다시 닥칠지도 모른다는 불안감이 늘 마음 한곳에 자리해 있다.

때로는 불안감이 적극적인 사고와 행동을 유발하게 함으로써 더 많은 성과를 이끌기도 한다. 그렇다고 모든 사람이 모든 상황에서 불안 요소를 성과를 내는 방향으로 사용하지는 못한다. 상황에 따라 찾아오는 불안한 마음을 적절히 조절하고 활용해 생산적인 에너지로 쓴다면 더할 나위 없이 좋겠지만 말처럼 쉬운 일이 아니다. 살아가는 한 불안감은 느낄 수밖에 없는 감정이다. 계속 회피할 수만은 없기에 도움이 되는 방향으로 그 불안감과 공존할 수 있어야 한다. 불안감이라는 감정은 대개 행동할수록 작아지기 마련이다. 그러하기에 불안을 다스릴 수 있는 행동을 의식적으로라도 하는 게 현명하다. 특히 단순하게 즉시 할 수 있어 실천을 높일 수 있다면 불안한 마음을 조절하는 데 효과적이다. 자주 유발하는 불안을 예방할 수도 있다. 몸과 마음은 하나로 연결되어 있다. 그래서 몸을 움직이면 마음에도 영향을 준다. 행동하는 즉시 무언가에 집중할 힘이 생기고, 몸을 규칙적으로 움직일수록 불안할 틈이 없다. 그래서 잠재된 불안이 클수록 작게라도 행동하는 것이 중요하고, 내재한 불안과 잘 지내기 위한 나만의 행동이 필요하다. 상황에 적합한 지속 가능한 행동 말이다.

불안을 다스리는 데 도움이 되었던 방법의 하나는 일기 쓰기다. 즉시 단순하게 행동할 수 있고 지속적인 실천에도 부담이 없다. 불안한 마음을 편히 털어놓을 누군가가 있다면 가볍게 만나 스몰토킹을 하거나 전화로 한바탕 수다를 떨면 좋을 것이다. 그렇게 누군가와의 소통으로 기분전환을 하고 불안의 무게를 덜어내는 것은 아주 좋은 방법이다. 하지만 이런 상대가 항상 곁에 있을 순 없기에 궁극적으로 외부가 아니라 내부, 즉 내면에서 대응하는 방법을 찾아야 한다. 우리 안에 내재한 불안과 언제든 소통할 수 있는 창구를 마련해야 한다. 감정이나 심경을 기록하는 행위는 감정 해소에도 도움이 되고 감정을 있는 그대로 바라보게 해준다. 그래서 현 상황을 다시 보게 해주고 마음을 점검할 수 있도록 도와준다.

형태는 아무래도 좋다. 감정을 있는 그대로 드러내는 '감정 일기'도 좋고, 염려되는 마음과 고민을 가감 없이 나열해보는 '걱정 일기'도 좋다. 바쁜 하루 중 감사할 점을 찾고 기록하는 '감사 일기'도 훌륭하다. 그저 다이어리에 하루 중 있었던 일을 간단히 기록하는 일기도 쓸모가 있다. 꼭 일기 쓰기가 아니라도 이처럼 자신만의 작은 행동이나 간단한 일상 습관도 도움이 된다. 누군가는 산책이나 운동이 될 수 있겠고, 또 다른 이에게는 요리하거나 무언가를 만드는 일이 될 수도 있다. 중요한 건 불안을 다스리는 방법 역시 '작게 읽기'처럼 간단하면서 부담이 없어야 한다는 것이다. 그래야 자주 행동할 수 있고 누적된 힘이 쌓일 수 있다.

불안감을 다스리고 예방하는 효과적인 방법으로는 역시나 작게 읽기가 빠질 수 없다. 독서가 주는 효과와 변화를 인생 전반에 걸쳐 체감한 내겐 지극히 당연한 일이다. 불안이 때때로 나를 덮치면 든든한 책 친구를 찾는다. 친구와 수다 떨듯 책에 속마음을 담아 줄을 긋고 기록하며 낯선 저자와 교감한다. 그렇게 책이라는 안정제로 불안을 다스리고 책이라는 영양제로 불안을 예방한다. 잠재된 불안으로 소중한 에너지를 소모하는 대신 내 마음의 면역력을 키우고 강력한 보호막을 형성한다. 마치 정세랑의 소설 『보건교사 안은영』에 나오는 한문 선생처럼 말이다.

이 작품 속 한문 선생은 다른 사람과 달리 몸을 보호하는 크고 튼튼한 보호막이 있다. 이 보호막 덕분에 어두운 세력이 활개 쳐도 털끝 하나 다치지 않는다. 이 인물을 접하면서 우리 마음에도 크고 작은 마음의 보호막이 있지 않을까 생각하게 되었다. 외부의 나쁜 세력이 나를 둘러싼 외부로부터 오는 불안이라면, 마음의 보호막을 형성해주는 무기는 바로 책일 것이다. 독서를 만나기 전 마음의 보호막은 아주 작고 얇았다. 다른 사람의 말에 민감하게 반응했고 상처도 잘 입었다. 하지만 지금은 달라졌다. 누가 찌르고 때려도 끄떡없을 만큼 단단해졌다. 선천적인 보호막은 약했을지언정 매일 작게 읽기로 단련된 보호막은 유연해졌고 또 강해졌다.

좋은 날만 계속되는 인생은 없다. 하지만 반대로 생각해보면 나쁜 날만 계속되는 인생도 없다. 인생이 불확실하기에 잠재된 불안도 크지만, 반대로 그렇기에 인생은 나름대로 재미가 있다. 불안을 극복해가는 과정이 더 큰 자기 성장의 기회가 될 수 있고, 불안을 원동력 삼아 다양한 시도와 도전을 할 때 경험이 풍부한 다채로운 인생이 될 수 있다. 복잡다단한 시대를 살아가는 현대인에게 불안은 피할 수 없는 숙명이다. 우리는 불안의 시대를 살고 있고 불안은 언제든 흔들리는 누군가의 마음을 비집고 들어갈 것이다. 그 빈틈을 놓치지 않고 파고들 것이다. 그렇기에 항상 불안으로부터 자신을 지킬 수 있어야 한다. 자신만의 무기로 마음의 보호막을 단련할 수 있어야 한다.

그 어떤 상황에서도 마음을 편안하게 유지하는 사람이 진정한 강자다.

미국의 전직 대통령 오바마의 주치의이자 심리학자가 한 말이다. 불안이 내재한 자신과 잘 지낼 수 있는 법은 평정심의 강자가 되는 것이다. 어려운 일이지만 불가능한 일도 아니다. 매일 작게 읽기로 나를 단련해 나간다면 충분히 가능한 일이다.

작게 읽기로 마음 챙김의 독서를 하자. 어떤 상황에도 평정심을 유지할 수 있는 나만의 행동을 만들자. 인생의 불확실성으로부터 오는 불안은 마음의 회복탄력성을 키워 현명히 다스리면 된다. 부디 마음의 주인이자 강자가 될 수 있기를.

소소하지만 확실한 독서로 활력 충전하기

입추가 지나면서 아침과 저녁 기온이 제법 서늘해진 날이었다. 아이를 데리고 도서관에 가는 수요일이었기에 그날도 예외 없이 도서관을 찾았다. 도서관 입구 전면 책장에서 그림책을 한 권 골랐다. 이지은 작가의 『팥빙수의 전설』이라는 책이다. 첫 장부터 끌렸던 이 책은 입말을 사용해 친근했고 다음 내용이 궁금해져 책장이 술술 넘어갔다. 그림이랑 글씨체가 귀여워서 좋았고 무심한 듯 마음이 드러나는 할머니의 표정을 보는 재미도 쏠쏠했다. 기발한 전개에 감탄하며 혼자 빵 터지며 웃는 모습에 남편은 연신 "뭔데?"라고 물으며 계속 궁금해했다.

사실 이날은 전날 저녁부터 남편과 다퉈 감정적으로 에너지 소모가 컸던 날이었다. 그런 상태로 혼자 아침부터 아이를 챙기느라 몸과 마음이 부쩍 더 지친 하루였는데, 이 그림책 한 권이 뭐라고 그날의 분위기를 바꿔주었다. 간단한 그림책 한 권을 보았을 뿐인데 몽글몽글 기분이 좋아졌다. 마음 한곳에서 소소한 행복이 흘러들어온 느낌이었다. 얼마나 좋았던지 이런 기쁨을 준 작가뿐 아니라 책을 잘 진열해준 도서관 사서 선생님께도 고마운 마음이 들었다. 저녁 바람이 스산했음에도 시원한 팥빙수가 얼마나 당기던지.

'오늘 가장 행복한 순간은 이 책을 읽은 순간이구나.' 얇은 그림책 한 권이 하루의 텐션을 확실히 끌어올렸다. 언제 힘든 일이 있었냐는 듯 기운을 샘솟게 했다. 역시 나는 어쩔 수 없는 사람인가 보다. 나와 주파수가 맞는 책을 만났을 때가 가장 기쁘고 행복하니 말이다. 나를 가장 빨리 충전시켜주는 것도 책이고, 나를 미소 짓고 웃게 만드는 것 역시 책이다.

나는 책을 읽을 때 가장 행복하다. 행복이라는 단어를 마주할 때 가장 먼저 떠올려지는 모습은 내가 좋아하는 공간에서 혼자만의 시간을 만끽하며 책을 읽는 모습이다. 내겐 책이지만 누군가에게는 다른 '무엇'일 것이다. 자신이 무엇을 할 때 가장 행복한지 생각해보자. 무엇을 하는 시간이 소소하지만 확실한 행복을 주는지 말이다. 그것을 명확히 아는 것이 행복의 시작이니 말이다. 우리는 모두 각자의 행복이 있다. 각자가 내리는 행복의 정의가 있고 원하고 바라는 행복의 모습이 있다. 물론 정답은 없다. 개개인의 생각과 상황이 다르기 때문이다.

40대에 접어들면서 바라는 행복의 모습이 달라졌다. 저 멀리 있는 행복보다 가까이 있는 행복이 더 좋고 다수가 바라는 행복보다 내가 바라는 행복이 더 중요해졌다. 예전에 꿈꾸던 행복은 거창하고 장황한 것이었다. 무언가를 이루거나 가지는 것이었다. 하지만 우여곡절을 겪으며 깨달았다. 행복은 무언가를 인내하고 기다려서 얻는 비장한 것이 아님을 말이다. 또한 더 큰 자극을 주는 행복은 멈출 수 없는 쳇바퀴 속 달리기 같은 것임을 말이다. 이제는 매일 할 수 있는 느린 산책 같은 행복이 좋아졌다. 바라는 행복이 크기나 속도보다 형태와 빈도수에 달려 있다고 여기기 때문이다. 『팥빙수의 전설』을 읽은 하루처럼 나를 닮은 모양의 행복이 좋다. 그렇게 일상에서 자주 느끼는 기쁨과 충만함처럼 소소하지만 확실한 행복이 더 좋다.

내게 행복은 영락없이 '책'이며 '독서'다. 하루 중 책 읽는 시간이 가장 기다려지고 설렌다. 꿈이 뭐냐고 묻는다면 거두절미하고 '온종일 마음껏 책 읽는 삶'이라 말할 것이다. 하지만 꿈은 현실과 다르기에 오늘도 꿈과 현실을 작게 접목한다. 바꿀 수 없는 현재에 바라는 이상을 조금씩 씨앗처럼 심어둔다. 그렇게 해서 바쁜 하루 틈틈이 작게 읽기를 실천하고, 어떤 일이 있더라도 최소 한 달에 한 권 이상의 책을 읽는다. 현실을 살아감에 있어 꿈이 전부일 순 없지만 꿈은 분명 필수 불가결한 삶의 원동력이다. 오늘을 살아내는 이유이고 내일을 기대하게 만드는 희망이다. 그렇기에 바쁜 현실 속에서도 꿈을 지켜나가기 위해 분투한다. 쳇바퀴 같은 일상에서도 이상을 추구하며 뜨겁게 살아가는 걸 주저하지 않는다.

　누군가에게 커피 한 잔은 하루의 시작을 여는 일상이며 하루 중 빼놓을 수 없는 시간일 것이다. 나 역시 그렇다. 누군가의 '소확행'이 되는 커피 한 잔의 시간처럼 소소하지만 확실한 독서를 하며 하루의 행복을 만들어나간다. 매일 커피 한 잔의 독서로 명상을 하고 여유를 가지며 기쁨을 느낀다. 소소하지만 확실한 독서가 지친 나를 각성시키고 불안정한 나를 진정시킨다. 날씨 좋은 날 카페에 가서 온종일 책을 읽는다면 참 좋을 것이다. 하지만 좋은 날씨와 쉬는 날이 맞아야 하고 시간과 비용이 소요된다. 그런 날에 그런 모습의 하루를 보낸다면 더없이 완벽하겠지만, 안타깝게도 일과 육아를 병행하는 지금으로서는 좀 거리가 있는 아득한 행복이다.

　행복은 '강도'가 아닌 '빈도'에서 찾는 것이라 믿기에 행복 찾기의 몸짓을 작게나마 자주 펼치려 한다. 직장과 집에 적정한 시기마다 새롭고 재미있는 책을 갖춰 놓고, 아지트인 도서관이나 마음 소파에서 틈나는 대로 사색에 빠지고 기분 좋은 상상도 한다. 소소하지만 확실하게 일상의 활력을 채운다. 새벽에 아기가 깨는 바람에 덩달아 잠에서 깬 후 다시 잠이 오지 않으면 주저 없이 책을 펼친다. 자칫 흘려보낼 수 있는 틈새 시간도 책과 함께라면 알찬 시간이 된다. 가령 회의가 조금 늦어진다거나 누군가를 기다리는 자투리 시간 말이다. 가볍게 커피 한잔을 하는 느낌으로 책에 표시해놓았던 좋은 문구를 필사하거나 모서리를 접어두었던 페이지의 한 구절 정도를 읽는다. 그렇게 틈틈이 소확독을 실천하면 기분도 한결 나아지고 하루의 피로도 덜하다.

힘들고 바쁜 하루일지라도 소소하지만 확실한 행복 하나가 그날에 존재한다면 그리 나쁘지 않은 날이 된다. 그런대로 괜찮은 하루가 된다. 작은 그림책 한 권을 읽고 까르르 웃었던 그날처럼 말이다. 매일 커피 한 잔의 여유를 가질 수 있다면 우리의 삶도 고단함으로만 끝나지 않을 것이다. 그렇기에 오늘도 빠른 달리기 같은 행복 대신 느린 산책 같은 행복의 길을 간다. 멀리 있어 잡히지 않는 행복 대신 작지만 바로 가닿을 수 있는 나만의 행복을 느낀다. 하루도 빠짐없이.

나와 내 하루를
의미 있게 해주는 3가지

언제부턴가 '육퇴' 후 간식을 찾게 되었다. 주전부리를 그다지 즐기지 않던 내가 갑자기 뭔가를 먹는 게 재밌었는지 남편은 냉동실 서랍 한 칸을 아예 아이스크림으로 채웠다. 그리고 아기가 잠들면 둘이 기다렸다는 듯 아이스크림을 꺼내 먹는다. 나처럼 늦게 아이를 키우는 친구도 비슷한 이야기를 했다. 자기 남편이 아이들이 잠들고 나면 식탁에 앉아 과자를 매일같이 먹는다고 한다. 그러면서 본인 역시도 잘 마시지도 못하는 맥주를 한 캔씩 마시게 되었다고 했다.

왜 엄마 아빠들은 아이를 재우고 난 후 무언가를 먹게 될까? 평소에 '당 땅긴다'라는 말을 자주 썼는데 신기하게도 육아를 하는 친구나 주변 지인들 모두 비슷한 행동 패턴을 보였다. 아이를 재운 후 달콤한 간식을 먹거나 야식과 함께 시원한 맥주 한잔을 하는 모습으로 말이다. 단순히 배가 고프거나 입이 심심해서 먹는 행동만은 아닐 것이다. 추측하건대 이는 종일 고생한 자신에게 가장 빠르고 효과적으로 줄 수 있는 보상이 아닐까 싶다. 심리적 요인으로 일종의 보상심리가 작용하는 것이다.

육아는 부모가 소비되는 시간이다. 돌봄이 필요한 존재를 처음부터 끝까지 챙기고 보살피는 일의 연속이다. 그러니 종일 육아로 소진된 에너지를 채우고 지친 몸과 마음을 위로하기 위해 무언가를 먹고 마시는 것일 테다. 그러면서 짧게라도 해방감을 느끼고 싶은 것이다. 고된 육아에서 해방된 후 가볍게 즐기는 작은 행복, 이 또한 소확행이다. 다만 달달한 간식이나 시원한 맥주가 순간의 만족은 줄 수 있어도 근본적인 대책이 될 순 없다. 매일 거듭되면 건강에 무리가 오고 의존적인 행위가 될 수도 있으니 말이다. 그런 의미에서 조금 더 생산적인 활동을 꿈꾸게 된다. 육아 기간의 하루하루도 가치 있게 보내기 위해서. 물론 이것이 달달한 간식 따위를 아예 먹지 않겠다는 뜻은 아니지만, 아무리 맛있는 에피타이저나 후식이라도 메인요리를 대체할 수 없기에 가장 근본적인 보상을 생각하게 된 것이다.

나의 하루를 구성하는 3대 축이자 하루를 의미 있게 해주는

3가지는 독서, 집필, 육아다. 하루 중 가장 큰 비중을 차지하며 가장 중요하다고 여기는 시간이다. 먼저 독서는 필수 불가결한 요소다. 단 하루라도 읽지 않으면 그날은 아무리 많은 일을 했어도 무언가를 빠뜨린 듯 찜찜하고 허전하다. 매일 책을 읽는 내가 됨으로써 하루를 보다 리듬감 있게 흘러가게 하고, 작게 읽기를 실천함으로써 소소하게나마 자신을 챙긴다.

다음은 집필이다. 누군가는 새 옷을 입거나 좋은 곳에 여행을 갔을 때 기분이 좋아지겠지만 내가 가장 기분이 좋을 때는 집필이 잘 될 때다. 낮에 아이를 재우거나 육퇴를 했을 때 엉성한 원고일지언정 한 쪽이라도 쓰고 나면 뿌듯하고 홀가분하다. 쉬지 않고 한달음에 한 꼭지라도 써낸 날은 날아갈 듯이 기쁘다. 세상을 다 가진 듯 행복해진다. 집필은 고단하게 반복되는 현실 속에서 자아와 정체성을 지키는 소중한 행동이다. 책을 쓰는 일은 자신과의 싸움이자 미완의 자아를 완성해가는 작업이다. 정체되지 않고 앞으로 나아갈 수 있게 해주는 성장의 원천이기도 하다.

마지막으로 육아를 들 수 있다. 현재 가장 많은 시간을 보내고 있으며 지금 가장 의미 있는 일 중 하나다. 아이는 엄마와 노는 시간이 가장 행복할 것이다. 나 역시 아이와 함께하는 모든 시간이 소중하다. 아이와의 매 순간이 충만하고 행복하다. 아이는 유독 책을 좋아한다. 장난감은 어느 정도 놀다 보면 싫증을 내지만 책은 같은 걸 여러 번 봐도 질린 기색이 없다. 책 사랑이 모전자전이다. 혼자서 앉을 수 있을 무렵부터 책을 쥐고 한참을 놀던 아이는 몇 년이 지나도 여전하다. 읽고 싶은 책을 가져와 읽어달라고 수시로 조르는 아이 덕분에 아이 주도의 책 육아에 빠지게 되었다.

 나와 나의 하루를 의미 있게 해주는 행동을 독서, 집필, 육아 3가지로 정의한 것처럼, 하루의 중심이 되거나 자신의 인생에서 빠뜨릴 수 없는 무엇을 한번 적어보자. 3가지가 넘어도 좋고 구체적인 문장으로 표현해도 좋다. 그것이 바로 당신이고 당신의 삶이다. 이렇게 자신에게 의미 있는 일을 떠올리고 적어보는 하루는 분명 다를 것이다. 존재의 의미를 상기시키며 가는 것이기 때문이다. 키워드로 정의 내리면 생각이 은연중에 행동으로 이어져 정체성이 되고 또 인생의 방향이 된다. 나아가 삶의 목표가 되고 평생의 꿈이 될 수 있다. 나와 내 하루의 의미를 되새기며 산다는 것은 바로 그런 것이다.

 책 읽는 엄마, 책 쓰는 엄마, 책으로 소통하는 엄마! 독서, 집필, 육아의 교집합은 바로 책이다. 일상의 3대 축인 이 세 가지는 어제도 오늘도 반복될 일이고 내일도 계속될 일이다. 나는 오늘도 책 읽고 책 쓰는 엄마로 성장하고 책 읽어주는 엄마로 아이와 교감하고 있다. 독서가 삶의 중요한 부분이기에 바쁜 육아 속에서도 아이스크림보다 더 달콤한 행복을 느낀다. 또한 책 쓰는 일을 지속하고 있기에 반복되는 매일이 그저 고단한 하루로만 끝나지 않는다. 그날의 일상이 누군가에게 가 닿을 글의 재료이자 성장의 기록이 되기 때문이다.

아이는 책을 읽는 엄마 모습을 매일 바라본다. 아마 이런 모습이 저절로 시각화되어 아이에게 독서는 지극히 자연스러운 일이 되지 않을까. 책 읽으라고 잔소리하는 엄마가 아니라 독서가 당연한 일상임을 보여줄 수 있는 엄마라서 다행이다. 부디 유겸이도 훗날 존재의 의미이자 하루의 축이 되어줄 무언가를 찾을 수 있길.

할 수 있는 것부터
작게 시작한다면

"완벽한 한 끼였어."

매우 만족한 표정으로 식사를 마쳤다. 감바스 밀키트를 사서 처음으로 해 먹어 봤는데, 남편과 나는 제대로 된 곳에서 외식한 것처럼 흡족한 식사를 했다. 사실 감바스가 무슨 요리인지 몰랐고 밀키트 역시 정확한 뜻을 몰랐다. 알고 보니 '감바스'는 올리브 오일에 파스타, 새우, 고추 등을 넣고 끓이는 스페인 요리였고, '밀키트(meal kit)'는 식사를 뜻하는 '밀(meal)'과 세트라는 의미의 '키트(kit)'가 합쳐진 단어로 손질된 재료와 양념을 같이 파는 것이었다. 바빠서 리뷰만 보고 샀는데 이렇게 간편하면서도 맛까지 좋다니. 직접 먹어 보니 팬데믹 시국이 장기화되면서 밀키트 시장이 커진 이유를 알 것 같았다.

밀키트는 여러모로 유용하다. 재료를 준비하고 손질할 시간과 노력을 줄여주는 데다 맛도 식당에서 먹는 맛과 크게 다르지 않다. 요리의 부담을 확 줄여주기에 편리하면서도 가성비까지 좋다. 장을 봐서 재료를 일일이 사서 씻고 다듬어야 한다면 시작부터 엄두가 나지 않는다. 준비하다 지치고 뒷정리하다 지쳐 그냥 사 먹고 말지, 라는 생각이 들었을 것이다. 하지만 레시피에 맞게 준비된 재료로 약간의 조리만 하는 정도라면 요리 초보자도 할 만하다. 냄비에 붓고 끓이기만 하면 제대로 된 한 끼 요리가 탄생하니 그야말로 신세계다. 밀키트 조리처럼 어떤 일이든 가볍게 시작할 수 있다면 얼마나 좋을까. 부담은 줄이고 자신감은 높아지는 밀키트 같은 시작. 이런 시작이라면 머뭇거리거나 미루지 않고 즉시 행동할 수 있을 것이다.

'할 수 있는 것부터 작게 시작하기.' 빠른 시작을 위한 나의 철칙이다. 복잡하고 어려운 일도 작게 쪼개면 쉽고 만만해진다. 또한 힘을 빼는 작은 시작이 행동에 있어서도 더 유리하다. 시작이 반이라는 말은 진부해 보일 수도 있지만 그래도 시작이 반이다. 일단 시작하면 자연스럽게 몰입이 되고 그 과정에서 리듬이 붙는다. 변화가 느껴질수록 더 잘하고 싶은 의욕이 생기고 그러한 과정에서 속도가 붙는다. 잘하고 싶은 시작 대신 일단 할 수 있는 것부터 작게 시작해보자. 결과도 중요하지만 때로는 과정 안에서 완성될 것을 생각하며 한 걸음을 떼자. 하다가 멈추거나 실패해도 괜찮다.

시행착오는 다음 걸음을 수월하게 해주고 경험은 언제든 다시 쓰인다. 결국 인생은 스몰 스텝(small step)의 연속이기에 작은 시작으로라도 첫발을 떼는 것이 중요하다. 한때 '코끼리를 냉장고에 넣는 법'이란 넌센스 퀴즈가 유행하던 때가 있었다. 불가능해 보이는 이 일은 3단계로 끝난다.

냉장고 문을 연다 → 코끼리를 냉장고에 넣는다 → 냉장고 문을 닫는다.

이는 '코끼리를 넣기엔 냉장고 크기가 부족하다'라는 중요한 문제를 무시한 채 넣는 과정만을 가이드 라인으로 제시하는 개그이자 유머다. 실제로 이것을 가능하게 하려면 냉장고를 코끼리보다 크게 제작한다든지 냉장고에 아기 코끼리를 넣는 등의 현실적인 해법을 찾아야 한다. 명제에서 냉장고의 크기나 코끼리의 나이를 명시하지는 않았기 때문이다. 나는 무언가를 복잡하게 생각하고 어렵게 여기며 미루고 싶거나 지레 포기하고 싶을 때마다 위의 전제를 떠올린다. 코끼리를 냉장고에 3단계로 넣어보자고. 말도 안 되는 일이지만 간단히 3단계로 정의하면 가능과 불가능의 영역을 떠나 단순하고 명쾌해진다.

코끼리를 냉장고에 넣겠다는 3단계 실행계획처럼 나눠서 생각하거나 단순한 행동으로 연결해보자. 불가능을 불가능으로만 여기는 것보다 가능한 일로 여기며 행동의 가설을 세워보는 것. 때때로 이것은 독창적인 접근을 돕고 참신한 해결책을 떠올리게 해준다. 독서에 대입해보자. '책으로 인생을 바꾸는 법'이라고 가설을 세워보는 것이다. 돈이나 기회도 아니고 책으로 인생을 바꾼다고? 그렇다. 당장은 와 닿지 않고 감흥도 없을 것이다. 그렇다면 냉장고 문을 열어 코끼리를 넣고 문을 닫는 3단계처럼 책 한 권을 사서 작게 읽고 딱 3일만 지속해보자. 이 간단하고도 작은 시작이 어디로 향할지는 아무도 모른다. 마치 내가 열렬한 독자에서 책을 쓰는 저자가 됐듯이 말이다.

3일만 해보라고 한 것은 '작심삼일'을 말하고 싶어서다. 우리는 종종 의지가 약해서 모든 일이 작심삼일로 끝난다고 말한다. 새해 결심의 단골손님인 독서와 다이어트, 운동처럼 말이다. 나는 작심삼일을 조금 다르게 해석한다. 일단 작심삼일은 지극히 정상적이고 일반적인 현상이다. 사람에게는 살던 대로 살려는 관성이 있기 때문이다. 따라서 매번 작심삼일로 끝나는 자신을 의지박약이라고 단정 짓는 대신, 보통 사람의 평균적인 의지력이 3일쯤이라고 생각하자. 개인의 의지라는 프레임에서 벗어나는 순간 마음이 한결 가벼워진다. 또한 3일을 비장하게 임하기보다 그저 그 일을 알아가고 친해지는 시간이라고 생각하자. 마치 물에 들어가기 전 물 온도에 적응하기 위해 몸에 물을 적시듯 말이다.

평소에 하지 않던 일을 3일이나 했다면 오히려 자신을 격려해주는 것이 맞지 않을까? 이번에도 작심삼일 했다고 자책하기보다는 새로운 일을 마음먹고 작게라도 시작해보았음에 의미를 둔다면 더 좋을 것이다. 우리는 종종 항상 잘해야 하고 처음부터 완벽하게 해야 한다는 관념에 사로잡혀 오히려 많은 것을 놓친다. 가끔은 잘하는 것을 논하기 전에 그저 무언가를 시작한 자신을 독려하거나 무엇이든 하는 자신을 지지해줄 필요가 있다.

막상 해보면 알게 된다. 완전하진 않더라도 일단 시작하면 그다음은 경사를 타고 구르는 돌처럼 알아서 흘러간다는 것을. 그리고 기억하자. 이제 막 걸음을 뗀 아기에게 당장 빠르게 뛸 것을 요구하지 않듯 어떤 일이든 찬찬히 밟아갈 단계가 있음을 말이다. 자신을 조금 따뜻하게 바라보며 할 수 있는 작은 시작을 해보자. 재촉이나 자책 대신 지지와 응원을 보내며 자신을 독려하자. 작은 걸음에 한 걸음을 계속 더 하면 어느 순간 걸음이 빨라졌음을 느끼게 될 것이다. 더 넓은 보폭으로 더욱 자신감 있게 내딛는 자신을 발견하게 될 것이다.

매일의 일상이 모여
꿈의 마디가 된다

    일상에서 가장 중요한 것은 삶의 리듬이다. 자신만의 리듬을 유지할 수 있는 사람은 안정감을 가진 채 편안한 일상을 영위할 수 있다. 물론 리듬은 자신과 잘 맞고 건강하고 긍정적인 방향이어야 한다. 매일의 일상이 자신이자 인생이기 때문이다. 육아휴직을 끝내고 복직 후 워킹맘이 된 일상은 육아-직장-독서-육아-집필 순으로 이루어진다. 아침에 일어나서 아이를 먹이고 준비시켜 어린이집에 보낸다. 오후 5시쯤 일을 마치고 와서 아이를 데리러 가기 전 작게 읽기를 한다. 이 시점에서의 작게 읽기는 하루의 1막을 끝내고 2막을 준비하는 전환점이다. 다시 나의 중심을 잡고 현재에 초점을 맞춘다.

    그렇게 충전한 에너지로 하원 후 아이와 놀아준다. 아이를 먹이고 씻기고 재운 후 다시 작게 읽기로 예열한다. 책을 쓰지 않을 때는 작게 읽기 후 바로 잠자리에 들지만, 집필 기간에는 자기 전까지 책을 쓴다. 그렇게 원고를 쓰거나 고치며 하루를 마무리한다. 다섯 개의 공이 저글링 되듯 다섯 가지 일과가 쉴 틈 없이 돌아간다. 하지만 마냥 바쁘거나 고되진 않다. 작게 읽기로 마음을 챙기고 아무리 바빠도 매일 커피 한 잔을 마시듯 독서를 하기 때문이다.

우리는 매일 수많은 일을 해낸다. 나 역시 엄마, 아내, 선생님, 딸, 며느리 등 여러 역할이 있다. 의무와 책임으로 무장된 하루를 보내는 40대이고 내일도 어김없이 출근해야 하는 직장인이다. 매 순간 문제 해결과 상황대처의 연속이다. 대체로 시간이 없는 게 맞다. 혼을 쏙 빼놓을 정도로 바쁜 날도 더러 있다. 할 일이 연달아 있는데 아이가 열이 나는 변수라도 생기면 언제든 비상이 걸리는 불안한 날의 연속이다. 매일 버티고 유지하기도 쉽지 않다. 하지만 아무리 바빠도 찰나의 순간은 존재하기에 누구에게나 똑같이 주어지는 24시간을 쪼개고 나눈다. 시간을 아끼고 모아 틈틈이 나를 위해 쓴다. 불가능해 보여도 작게 시작하면 가능하다. 꾸준히 반복하면 나만의 리듬이 붙는다.

선생님도 좋고 엄마도 좋지만, 누군가의 선생님과 엄마로만 산다면 이 모든 역할을 지속하기 힘들 것이다. 내가 나로 존재하는 순간도 없이 그저 숨 가쁘게만 내달린다면 결국 숨이 턱까지 차올라 원하지 않는 때에 멈추게 될지도 모른다. 특히 자신의 존재와 인생의 의미를 중요히 여기는 사람이라면 더욱 그렇다. 나는 현실을 살아가면서도 꿈을 저버릴 수 없다. 성장하고 있다는 자부심과 배움에서 오는 자기 확신이 인생의 원동력이기에, 자기계발과 자아실현은 없어서는 안 될 삶의 중요한 마디이다. 그래서 미래를 위해 하고 싶은 일이 있으면 늦은 밤이나 이른 새벽에 잠을 포기하고 일어난다.

가족들은 말한다. 일하랴 육아하랴 그것만으로도 힘든데 왜 굳이 책까지 쓰냐고. 물론 걱정되고 염려하는 마음임을 잘 안다. 하지만 내게는 책을 읽거나 책을 쓰는 시간이 해야 할 일을 하게 하는 에너지다. 많은 일을 나의 리듬으로 하게 하는 능동적 쉼이자 일상 속 여행이다. 모든 상황을 기꺼이 버틸 수 있게 하는 삶의 중심이자 원천이다. 물론 아이를 보는 것도 중요하고 일과 육아의 병행만으로도 충분히 힘들다. 하지만 육아가 인생의 전부가 될 수는 없고 아이만 바라보고 사는 부모가 되고 싶지도 않다. 부모도 자신의 행복을 추구할 권리가 있고 스스로 행복할 수 있어야 그 에너지가 아이에게 전해지기 때문이다.

아이를 우선으로 챙겨야 하는 부모라도 틈틈이 자신의 마음을 챙겨야 한다. 아이를 돌보듯 자신을 돌볼 수 있어야 한다. 그래야 부모의 모습을 거울삼아 아이도 몸과 마음을 스스로 돌보는 법을 터득하고, 나중에 부모가 되었을 때 자식을 사랑으로 대하면서도 자신의 행복 역시 중요히 여기는 어른이 될 수 있을 것이다. 책 쓰는 일은 정말 힘들다. 학교 일처럼 형식이나 매뉴얼이 있는 것도 아니고 육아처럼 누가 잠시라도 대신하거나 도와줄 수 있는 것도 아니다. 때로는 창작의 고통에 몸서리가 쳐지고 온몸이 성한 데가 없을 정도로 어깨나 목, 허리와 손목이 뭉친다. 종일 할 일에 시달린 몸으로 컴퓨터 화면을 바라보고 있노라면 키보드에 손을 올리기도 전에 눈꺼풀이 무거워진다.

그럼에도 책을 쓰는 이유는 이 일이 꿈이자 목표이기 때문이다. 나는 계속 글을 쓰는 작가로 살아가고 싶고 책으로 더 많은 사람과 연결되고 싶다. 내가 책에서 힘을 얻은 것처럼 내 책도 누군가에게 힘이 됐으면 좋겠고, 좋아하고 잘하고 싶은 독서와 집필이 매일 일상에서 실행되고 연마될 수 있어 감사하고 행복하다. 독서는 집필을 돕는 강력한 무기이고 집필은 독서 시간이 집대성된 결과다. 독서가 나를 숨 쉬게 한다면 집필은 나를 나타나게 해준다. 책을 읽고 쓰는 구조가 끊임없이 선순환되며 나를 발현시킨다.

책 쓰기를 결심한 날로부터 지금까지 하루도 책 쓰는 일을 잊고 산 적이 없다. 아이를 재우면서 같이 자고 싶어도 한 줄이라도 더 쓰자는 생각으로 고단한 몸을 일으키고 어쩌다 새벽에 눈을 뜨면 아기가 깨기 전까지 얼마의 시간이 있을지 계산한다. 이런 시간이 매일 쌓이면 나는 앞으로 어떤 모습이 될까? 한 달이나 한 해만 지나도 성장과 변화가 오롯이 느껴지는데, 5년이나 10년 하물며 20년이 된다면 어떨까? 상상만으로도 불끈 힘이 솟는다.

책과 연결된 일상을 반복하면 할수록 매일 배움의 자세로 살게 된다. 책을 읽고 쓰는 것도 배움이고 아이를 키우고 학생들을 가르치는 것 또한 배움이다. 모두 인생을 배우고 자신을 단련하는 일이다. 결국 인생이란 끊임없는 배움의 연속이다. 열심히 살아온 인생은 한 권의 책이 되고 그 책의 방향을 따라 다시 인생이 흘러간다. 시련은 아프지만 나를 성장시키는 기회이자 누군가에게 가 닿을 글감이 되고, 아무리 힘든 고통도 나를 더 강하게 만든 깨달음이 되어 책에 적힌다. 이처럼 책을 읽고 쓰는 일은 나의 사명이다. 존재 이유이자 삶의 목적이다. 꿈에 날개를 달아주는 소중한 일상이자 내일을 기대하고 꿈꾸게 하는 희망이다. 돌이켜보면 하나하나 놀랍다. 7년 만에 작가가 되어 계속 책을 써나가는 것도, 10년 만에 아이를 낳고 별 탈

없이 키우는 것도, 20년 가까이 교직에서 아이들을 가르치며 매해 새롭게 느끼고 깨닫는 것도 말이다. 매일 눈뜨는 오늘은 그 자체로 기적이다. 매 순간 당연하지 않은 일상의 의미를 되새기며 오늘도 어김없이 읽고 쓴다. 꿈 너머 꿈을 꾼다.

7장 | 비로소 지금

오늘도 서툴지만
단단한 느림으로 한 걸음

내 행복의 원천은
꾸준한 독서 마디에 있다

빵만 있다면 웬만한 슬픔은 견딜 수 있다.

가장 좋아하는 빵집 출입문에 있는 문구다. 묘하게 공감되는 이 문장을 보며 이 빵집 사장님이 나름의 철학이 있는 분이라고 생각했다. 알고 보니 이 문장은 『돈키호테』를 쓴 미겔 데 세르반테스의 말이었다. 프랑스 속담으로도 잘 알려진 이 문구를 가게에서 마주할 때마다 저절로 미소가 지어진다. 마치 오래전부터 빵으로 위로를 받아온 사람들의 역사를 말해주는 것 같아 내심 반갑다. 나 역시 빵이 있어 힘들었던 순간들이 조금은 가벼워질 수 있었다. 달콤한 빵을 먹는 순간만큼은 상심하기보다 그 맛에 감탄하는 내가 될 수 있었다.

어려서부터 빵을 좋아했다. 밥은 안 먹어도 빵은 양껏 먹는 나를 엄마는 '빵뽀'라고 불렀다. 친구들 사이에서 불리던 별명도 '빵공주'였다. 그렇게 수십 년째 빵공주로 명색을 이어나가며 웬만큼 맛있는 집의 빵 맛은 잘 안다고 자부했다. 그런데 최근 집에서 가까운 거리의 이름난 빵집을 가보고선 생각이 달라졌다. 이곳의 '앙버터'는 '진정한 빵 맛은 이런 것이야.'라고 한 수 가르쳐주는 듯 맛이 탁월했다. 이 빵을 맛볼 때면 마치 인생 책을 발견한 사람처럼 들뜨고 설렌다. 이토록 마음에 드는 빵을 만났다는 사실만으로도 행복의 온도가 달라진다.

빵과 더불어 행복지수를 높여주는 음식 중 하나는 복숭아다. 무더운 여름이 괜히 반가운 이유는 달콤한 복숭아를 원 없이 먹을 수 있기 때문이다. 복숭아 향만큼 기분 좋게 하는 향은 없다. 부드러운 과육을 먹노라면 세상 모든 시름이 다 사라질 것만 같다. 여름날 밤마다 빠뜨리지 않는 일과가 있다. 바로 냉장고에서 다음날 먹을 복숭아 3개를 상온에 꺼내놓는 일이다. 그렇게 내일 먹을 복숭아를 떠올리며 잠이 들었다가 아침에 일어나 잘 숙성된 복숭아를 한 입 베어 문다. 그 순간, 형언할 수 없는 행복감이 밀려온다. 천국을 나타내는 무릉도원(武陵桃源)이라는 말에 복숭아나무 도(桃)가 왜 들어가는지 알 것 같다.

이처럼 내게는 빵과 복숭아라는 행복 요소가 있다. 이 두 가지가 존재한다면 기분 좋은 하루를 보낼 수 있다. 그날 어떤 일이 있었든 꽤 괜찮은 해피엔딩이 될 수 있다. 달콤함을 음미하는 감각적인 행복만으로도 하루가 달라진다. 하물며 매일 자신의 에너지와 마음의 양식을 채워주는 독서는 어떨까? 이토록 애정하는 빵과 복숭아라도 매 끼니가 될 순 없다. 매일 먹는 주식이 된다면 이 소소한 행복감 역시 오래가지 못할 것이다. 독서는 매일 먹는 주식처럼 거듭해도 물리지 않는다. 언제나 신선하고 산뜻하게 다가온다. 읽으면서 생각하고 쓰면서 깨닫는 행복이 매번 새롭게 선순환된다.

작게 읽기를 해왔기에 일상의 균형을 지킬 수 있었다. 매일 커피 한 잔의 독서를 했기에 일상의 여유를 가질 수 있었다. 또한 자신이 느리고 늦었다고 여기는 생각의 틀에서 벗어나 단단한 걸음으로 그다음을 나아갈 수 있었다. 출산 후 학교로 복직했던 격변의 2022년 3월이 떠오른다. 9년 만에 담임을 맡았고 난생처음 학년 부장을 맡게 된 다사다난한 시작이었다. 하지만 우려와는 달리 상황은 빠르게 안정됐다. 아이는 어린이집 생활에 별 탈 없이 잘 적응했고 나 역시 일과 육아를 병행하는 모드에 무사히 안착했다. 두 달 정도는 지나야 숨 좀 돌리지 싶었는데 한 달도 채 되지 않게 적응을 마쳐 나도 놀랄 정도였다.

일과 가정의 균형을 지키는 것이 아득한 목표로 여겨졌지만 나름대로 순탄히 항해 중이다. 연중 일에 치여 전전긍긍했던 이전 학교생활에 비하면 괄목할 만한 성장이다. 물론 이전 학교와 지금 학교는 규모도 다르고 맡은 업무도 다르지만, 3월 내에 학기 적응을 끝낸 적은 거의 처음이다. 이는 아마도 작게 읽기가 준 선물이 아닐까 싶다. 무언가를 시작하고 꿈꾸기에 40대는 이미 늦은 나이라고 규정 짓던 나는 이제 없다. 현실만 챙기기도 버거운 중년이라는 생각 대신 인생을 좀 더 멀리 보는 중이다. 40대나 중년이라는 단어에 나를 가두지 않고 조금 느릴지언정 단단한 느림으로 하루하루를 개척한다. 외부에 기준을 두지 않고 적어도 내 인생에서만큼은 멋진 리틀 히어로가 되고자 한다. 이 역시 마흔 이후를 재조명한 책을 읽은 덕분이다.

　모든 것은 내가 어떻게 마음을 먹고 바라보느냐에 달려 있다. 생물학적 나이로 자신을 한계 짓지 않고 세상의 잣대나 고정관념에 더는 흔들리지 않을 것이라 다짐해본다. 나의 기준을 세우고 걸음의 속도와 폭은 스스로 정할 것이라 결심해본다. 빨리 가는 누군가나 세상의 속도를 쫓기보다 지금껏 걸어온 발자취를 소중히 여기며 내게 적합한 속도로 완주하는 내가 될 것이다.

　내 행복의 원천은 꾸준히 이어온 독서 마디에 있다. 앞으로 헤쳐 나갈 미래의 방향 역시 독서 마디에서 비롯될 것이다. 이미 작게 읽기를 실천하면서 많은 성장을 했고, 더 커진 내가 되면서 일과 삶에 대한 자긍심도 커졌다. 그 결과, 기존에 세웠던 목표는 점차 상향 조정되었고 그동안 막연하게 여겼던 일 역시 구체적이고 명확한 행동 계획을 세울 수 있었다. 이제 완벽한 준비를 하느라 시작을 미루는 나는 없다. 무엇이든 마음이 시키면 즉시 작게나마 행동할 것이다. 어떤 일이든 작게 읽기처럼 시작한다면 어렵지 않게 리듬을 탈 것이고, 그 리듬을 꾸준히 이어나간다면 전혀 작지 않은 변화가 일어날 것임을 잘 알기 때문이다.

인생은 크고 작은 문제를 끊임없이 해결해가는 과정이다. 작게 읽기라는 삶의 축이 존재하는 한 불확실한 미래가 더 이상 두렵지 않다. 새로운 도전에 가슴 설레고 다채로운 시작이 기다려진다. 작게 시작해 위대한 결말이 될 미래가 더없이 기대된다. 독서 마디를 견고히 할 때마다 삶의 마디 또한 단단해질 것이다. 성장과 완주를 거듭하다 보면 나도 모르게 원하는 지점에 성큼 도달해 있을 것이다. 막연하기만 했던 2022년 3월이 20년 교직 생활을 통틀어 가장 빠르고 안정적인 시작이 됐던 것처럼 말이다.

빠름의 시대,
단단한 느림으로 응수하는 법

　지상 최대의 축구 리그로 알려진 잉글랜드 프리미어리그(EPL)에서 아시아 선수 최초의 득점왕이 나왔다. 바로 토트넘 홋스퍼 FC 소속으로 2021~2022시즌에서 23골을 기록하며 골든 부츠의 주인공이 된 손흥민 선수다. 아들을 세계적인 선수로 키운 비결을 묻는 사람들에게 손흥민 선수 아버지인 손웅정 씨는 말한다. 축구를 잘하는 것보다 더 중요한 것은 먼저 인성이 바른 사람이 되는 것이라고. 축구를 제대로 이해한 사람은 교만할 수 없다고 말이다. 그는 축구 실력에 대해서도 기본기의 중요성을 강조한다. 어릴 때 손흥민은 축구선수 출신인 아버지에게 형과 함께 축구를 배웠는데, 당시 공 튀기기 등의 기본기를 배우고 익히는 데만 무려 7년이 걸렸다고 한다. 하루도 쉬지 않고 매일 2시간씩 7년, 자그마치 5,110시간이다.

손웅정 씨는 손흥민 선수를 지금까지 있게 한 그의 신념과 인생철학을 『모든 것은 기본에서 시작한다』에 담았다. 나는 이 책을 정말 재밌게 읽었다. 손흥민 선수의 팬이라 다양한 에피소드와 숨은 일화를 알 수 있어 좋았고, 삼독을 한 후 독서 노트를 활용하는 등 손웅정 씨의 독서법이 나와 비슷한 부분이 많아 좋았다. 더욱 반가운 건 이 책에서도 대나무 이야기가 나오는 것이다.

대나무는 땅 밑에서 뿌리 작업을 하는 데만 5년여의 시간을 보낸다.

손웅정 씨는 대나무가 위로 뻗어나가는 것만 중요하다 생각했거나 땅속 견고한 뿌리 없이 위로 뻗기만 했다면 작은 태풍에도 쉬이 넘어갈 것이라 말한다. 뿌리를 튼튼하게 만들었을 때 비로소 태풍과 비바람을 견뎌낼 수 있으며, 이렇게 기본 작업을 깊고 넓게 해 온 대나무는 하루에 20~30센티미터씩도 자란다고 한다. 그렇게 그는 아무리 오랜 시간이 걸려도 뿌리가 튼튼한 게 먼저이며, 보이는 위쪽보다 보이지 않는 아래쪽을 튼튼하게 해야 함을 거듭 강조한다.

그는 아이들을 대나무와 같다고 여기며 이러한 신념을 바탕으로 유소년 아이들을 지도해왔다. 손흥민 선수가 유년 시절을 보낸 강원도 춘천에서 손축구 아카데미(SON FOOTBALL ACADEMY)를 운영하는데, 기본이 가장 중요하다고 믿는 그의 철학대로 훈련 프로그램 역시 기본기를 갖추는 데 오랜 시간 공을 들인다. 이러한 커리큘럼은 길게 보면 부상과 정체기를 예방하여 선수 생활을 오래 안정적으로 할 수 있게 해준다. 하지만 당장 눈에 띄는 큰 변화가 없기에 다소 느리게 여겨지기도 하고, 경기를 나가거나 별다른 기술 훈련이 없어 종종 염려하는 학부모들이 많다.

그러나 그는 흔들리지 않는다. 오히려 되묻는다. 무엇 때문에 불안하고 초조하냐고. 가만히 들여다보라고. 그건 다 부모의 욕심에서 기인한 게 아니냐고. 실제로 손흥민 선수는 하루에 슛 연습을 1,000개씩 하며 바닥이 울렁거릴 때까지 훈련을 거듭했다. 어느 지점에서 왼발이든 오른발이든 차기만 하면 골로 연결된다는 일명 손흥민 존(zone)이 존재하는 것도 기본기가 가장 중요하다는 가르침으로 부단히 훈련해 온 결과다. 이토록 중요한 기초를 우리는 왜 소홀히 할까? 아마 기초의 중요성을 제대로 인식하지 못해서일 것이다. 기초가 중요하다는 것을 이론이나 머리로는 알지만, 실제 적용에 있어서는 실천이 어렵거나 그 중요성을 간과하는 경우가 많다.

피아노를 연습하던 어린 시절이 떠오른다. '하농'이라는 기초 교재가 있었는데, 다른 교재에 비해 유독 재미가 없어 대충 연습했던 기억이 난다. 하농은 손가락이 건반 위에서 자유자재로 움직이도록 하는 연습용 교재로 곡을 연주하는 것보다는 기초를 다지는 작업에 가깝다. 멜로디 자체가 비슷하게 이어지거나 반복되는 흐름이 많아 꽤 지루하다. 하농 연주는 단순한 것 같으면서도 여간 어려운 일이 아니다. 흐름이 거듭될수록 난이도가 높아지고 힘이 많이 들어간다. 가끔 건너뛰고 싶을 때도 있지만 하농을 먼저 연주하고 곡을 들어갈 때와 하지 않고 들어갈 때의 차이는 크다. 기초가 받침이 되는 연주는 손끝의 미세함이 다르고 소리 또한 다르다.

기초 작업은 매우 중요하지만, 기초를 쌓아가는 여정은 지루하기 그지없다. 변화가 당장 나타나지 않기에 조급한 마음을 다스리며 기준에 도달할 때까지 기초를 연마하는 일은 결코 쉬운 일이 아니다. 그래서 악기나 운동을 시작하는 사람은 많아도 끝까지 가는 사람은 그리 많지 않은 것이다. 음악이나 스포츠뿐만 아니라 모든 일이 그렇다. 기본에서 시작되고 기본으로 완성된다. 수년에 걸쳐 기본기를 쌓았다면 결국 중요한 상황에서 결정적인 차이가 난다. 마치 손흥민 선수가 지거나 밀리는 위기 상황에서 자신이 가장 잘하는 필살기로 승부수를 띄우듯 말이다.

나는 그저 평범한 직장인이었다. 글을 쓰는 일과 관련된 전공을 공부한 것도 아니고 연관된 어떤 일도 해본 적 없다. 대학교 때 쓴 리포트와 교사 업무를 하며 행정에 관련된 보고서나 계획서를 쓴 정도가 글쓰기의 전부다. 그랬던 내가 마흔이 된 어느 날 내 이름으로 된 책을 출간했다. 맨땅에 헤딩하듯 도전해 끝끝내 글을 쓰는 작가가 됐다. 그리고 두 번째 책인 이 글을 쓰고 있다. 때로는 오랜 기간 멈추기도 하고 방향을 잘못 잡아 헤매기도 했지만, 그러한 시간이 있었기에 글을 쓰는 기초체력을 키울 수 있었다. 지난한 과정을 거치며 이전보다 성장했고 인생 역시 새로운 국면을 맞이할 수 있게 되었다. 포기하지 않고 끝까지 달려온 이 경험은 나를 더 견고히 해주었다. 빠름이 종용되는 시대에서 나만의 단단한 느림으로 나아갈 수 있게 해주었다. 그렇게 독서와 집필은 삶의 숙명이자 운명 같은 업이 되었다.

요새 누가 책을 사? 다 영상 보지.

그렇다. 하루가 다르게 급변하고, 유튜브, 인스타 릴스, 틱톡 등 숏폼 영상이 주인공이 된 시대에서 오늘도 e-book 대신 바스락거리는 책장을 넘긴다. 작게 읽기를 실천하며 묵묵히 한 줄의 글을 쓰고, 매일 커피 한 잔을 마시듯 소확독 시간을 즐긴다. 빠름의 시대를 나만의 단단한 느림으로 응수한다.

행복은 절대성이 아닌 지속가능성

하버드 그랜트 스터디(Havard Grant Study)는 가장 유명한 행복 연구로 알려졌으며 단일 주제로는 최장기(1938년~진행 중) 연구다. 이 연구에서 행복을 다룰 때 등장하는 공식이 있다. 바로 '페르마(PERMA)'다. 페르마는 행복을 결정하는 5가지 주요 요인을 뜻하는 영 단어의 앞 글자를 따서 조합한 용어이다. 각 단어의 뜻은 다음과 같다.

1. P (positive emotion) : 긍정적인 정서.
   기쁨, 따뜻함, 신남, 나도 모르게 입꼬리가 올라가는 기분이다.
2. E (engagement) : 소속, 몰입감.

내가 해야 할 일이 있고 시간 가는 줄 모르고 빠져드는 상황이다.

3. R (relationship) : 관계.

   좋아하는 사람들과 우정 어린 대화를 자주 하는 것이 행복의 주요한 요소라는 뜻이다.

4. M (meaning) : 의미.

   의미 있는 삶이다. 돈과 쾌락이 아닌 보람 있고 값진 일을 하는 것이다.

5. A (accomplishment) : 성취.

   노력을 통해 원하는 것을 쟁취하는 것이다.

 심리적 행복과 안녕을 이끌어주는 핵심 요소 5가지를 한 번쯤 자기 삶에 대입해보았으면 한다. 페르마를 내 삶에 대입해보았다.

 첫째, P(positive emotion) : 긍정적인 정서다. 나도 모르게 입꼬리가 올라갈 때는 갓 구운 따뜻한 빵이나 달콤한 복숭아를 먹을 때다. 토끼와 관련된 귀여운 소품을 볼 때다. 나와 주파수가 맞는 좋은 책을 만날 때 더없이 신나고, 생각해두었던 구상으로 글이 단숨에 써질 때 날아갈 듯이 기쁘다. 또한 아이가 그동안 보여주지 않았던 말이나 표현을 할 때 가슴이 벅차다. 이 모든 것은 내게 소소한 행복과 평안함을 주는 것들이다.

둘째, E(engagement) : 소속, 몰입감이다. 어느덧 근속연수가 20년이 된 초등학교 교사이다. 한때 직업이 나와 맞지 않다고 생각했고 간절히 명퇴를 꿈꾸던 시기가 있었다. 하지만 작게 읽기로 내 마음을 챙기고 지나온 삶을 돌아보니, 안정적인 직업이 있었기에 하고 싶었던 일들을 마음껏 할 수 있었다는 생각이 든다. 나는 다양한 분야에 관심이 많고 호기심도 많다. 그래서 앞으로 창의력이나 과학 분야에서 아이들을 지도하는 일에 도전할 의지를 갖고 있으며, 개인적으로 새로운 역량을 갖출 수 있는 시도를 꾸준히 해나가고 있다.

셋째, R(relationship) : 관계다. 결혼한 지 벌써 10년이 넘었다. 남편과 나는 10년의 난임 동안 서로를 독려하며 힘든 난관을 헤쳐 왔다. 많은 비를 함께 맞았기에 우리 부부에게는 뭐라 설명할 수 없는 유대감이 있다. 느리고 늦어진 시간이 준 견고함이 있다. 또 하나의 견고한 관계는 바로 책이다. 인간관계로 힘들 때 책은 사람보다 더 큰 위로를 내게 주었다. 슬럼프에 빠졌을 때도 책이 있기에 다시금 힘을 낼 수 있었다. 글을 쓰게 되면서 맺게 된 새로운 관계 또한 감사하다. 집필이 외롭지 않은 건 내 글을 자신의 글처럼 살펴 봐주며 이런저런 의견을 허심탄회하게 나눌 수 있는 동료 작가가 있어서다. 내 책을 아끼고 사랑해주는 소중한 독자들이 있어서다.

넷째, M(meaning) : 의미다. 여러모로 느렸고 남보다 늦어진 시기가 많았다. 하지만 그런데도 그 시간이 내게 주는 의미가 무엇일지 반추하고 끊임없이 그다음을 모색했다. 어떤 일을 맞닥뜨린 후 상심하거나 좌절하는 것을 막을 순 없지만 적어도 그 터널을 빠져나오기 위해 무던히 노력했다. 새로운 시작과 시도를 멈추지 않았다. 내게 일어나는 모든 일은 필요하고 좋은 일이라는 긍정적인 생각을 품고 산다. 무엇과도 바꿀 수 없는 나만의 의미와 가치를 추구하며 산다. 조금 느리고 돌아간다 해도 나의 기준과 나다운 방향을 따른다. 그렇게 내가 나로 존재할 수 있는 선택과 행동을 한다.

다섯째, A(accomplishment) : 성취다. 작게 읽기를 하기 전에는 성취가 성공이나 부 같은 것으로 생각했다. 남들이 부러워하고 우러러볼 만한 결과나 성과 같은 것이었다. 하지만 지금 생각하는 성취는 다르다. 평소에 하지 못했던 것을 시도하거나 나를 더 풍부하게 만드는 경험을 하는 것, 꿈꾸는 것을 나중으로 미루지 않고 지금 작게 시작해보는 것 등이 진정한 성취다. 이렇듯 내가 새롭게 정의하는 성취는 이미 도달한 결과라기보다 나아가고 있는 과정 그 자체이다. 무언가를 가지고 이루는 것보다 가보지 않은 길에 대한 도전이나 용기 있는 시작이다.

내 행복의 본질은 '절대성'이 아니라 '지속가능성'에 뿌리를 둔다. 절대적이고 고정적인 무엇이 아니라 꾸준히 나다움을 유지하며 서서히 변화하는 과정에 있다. 우리는 종종 현재의 결핍이 채워지고 간절히 원하는 상황에 도달하면 행복이 오리라 믿는다. 나 역시 그랬다. 합격만 하면, 결혼만 하면, 임신만 하면, 집만 사면…. 절대적인 기준을 충족하면 행복해질 것이라 믿었다.

그렇지만 인생에서 '이것만 하면 불행 끝, 행복 시작!'과 같은 행복은 없다. 그런 행복의 유효기간은 길지 않으며 달성과 동시에 또 다른 전제의 행복을 향해 끊임없이 달려야 한다. 어떤 조건을 갖춘다는 건 조금 더 편리하고 수월해지는 것에 가까울 것이다. 그렇기에 좋은 차나 넓은 집보다 중요한 건 자유와 주체성 그리고 나다움이다. 내가 나로 존재하는 과정이자 나답게 지속 가능한 모든 것이다. 행복은 절대성이 아닌 지속가능성에 달려 있기에 내게 맞는 행복을 추구한다. 지속 가능한 행복에 의의를 두고 나만의 페르마를 이어나간다.

잘하는 나보다
하고 있는 나를 응원할 때

　2022 베이징 동계올림픽 남자 피겨 스케이트에서 5위를 한 차준환 선수가 한때 화제였다. 이 선수를 몰랐던 사람은 혜성처럼 등장한 그의 존재에 놀랐겠지만, 알고 보면 그는 올림픽을 두 번이나 참여하고 쇼트트랙 월드컵인 ISU에서 우승을 차지한 적도 있는 베테랑 선수다. 10살에 스케이트를 시작한 차준환 선수는 '빙상 위의 기록 메이커'라는 별명답게 다양한 대회에 출전하며 꾸준히 이력을 쌓아왔다. 그가 2018 평창 동계 올림픽에 출전했을 때는 16세 4개월로 남자 싱글 선수 중 최연소였다. 개인 최고기록을 경신하며 15위를 기록했고 이때를 기점으로 사람들의 관심과 해외 언론의 주목을 받게 되었다.
　2010 밴쿠버 동계올림픽에서 피겨 스케이팅 여자 싱글 금메

달리스트로 세계를 제패한 김연아 선수를 모르는 사람은 없을 것이다. 반면 상대적으로 여자 선수보다 주목을 덜 받는 남자 피겨선수를, 그것도 10위 안에도 들지 못하고 15위를 기록한 선수를 기억하는 건 쉽지 않은 일이다. 그랬던 그가 4년 뒤에는 괄목할 성장세를 보였다. 2022년 올림픽에서 지난 올림픽보다 10계단의 순위를 끌어올려 당당히 5위를 기록했다. 그의 성장은 많은 이들에게 깊은 인상을 남겼고, 남자 피겨 불모지 대한민국의 다음 시대를 여는 확실한 대표주자로 발돋움했다.

그리고 2023년을 맞아 기어이 대형 사고(?)를 치며 전 세계를 깜짝 놀라게 했다. 2023년 4월 15일, 차준환 선수는 한국이 처음 출전한 2023 국제빙상경기연맹(ISU) 피겨 스케이팅 국가대항단체전 월드 팀 트로피 대회 마지막 날 남자 싱글 프리스케이팅에서 세계적인 강자들을 모두 누르고 1위를 차지하는 기염을 토했다. 이틀 전 쇼트 경기에서도 전체 2위를 차지하며 세계적 선수 반열에 올랐음을 스스로 증명했던 그는 이번의 프리 부분의 정상 정복을 통해 다음 올림픽의 강력한 메달 후보로 급부상했다. 그의 쾌거는 여자 피겨에서 쇼트와 프리 게임을 모두를 석권한 이해인 선수의 활약과 함께 한국이 사상 처음으로 국가 대항 단체전 월드 팀 트로피 대회 종합 2위(은메달)를 차지하는 데 결정적인 역할을 했다. 이 대회 주최국이었던 빙상 강국 일본을 그들의 안방에서 꺾은 사상 초유의 승전보였다. 그는 2023년 3월에 열린 세계선수권대회에서도 우리나라 최초의 값진 은메달을 따며 자신의 인생 경기를 펼친 바 있다.

그는 여전히 대회 기록과 달성 순위에 상관없이 연중 10개월은 캐나다의 토론토에서 전지훈련을 받으며 매일 아침 6시에 일어나 2시간씩 기초 체력운동을 하고 있다. 아마 차준환 선수뿐 아니라 거의 모든 스포츠 선수들이 그럴 것이다. 메달권에 들지 못해도 다시 제자리로 돌아와 자신과의 싸움을 지속한다. 어제보다 성장하고 다음 대회나 경기에서 더 나은 기록을 내기 위해 자신만의 레이스를 꾸준히 이어나간다. 우리의 삶도 이러한 태도가 필요하지 않을까? 인생을 올림픽이라는 큰 대회로 가정한다면 우리의 바쁜 일상 역시 그들이 매일 해나가는 훈련과 다르지 않을 것이다.

우리의 인생을 스포츠 경기 중 마라톤에 종종 비유한다. 살다가 실수하거나 넘어지더라도 다시 털고 일어나 일상을 이어가는 것. 궂은 날씨와 같은 시련이 오고 숨이 턱까지 차올라 포기하고 싶어도 다시 한 걸음을 딛고 나아가는 것. 그렇게 잘하든 잘하지 못하든 오늘 내가 할 일을 하며 나의 리듬을 이어나가는 것. 이것이 곧 인생에서의 완주이자 승리라는 메시지를 전하는 데 있어 마라톤 경기가 가장 어울리는 까닭이다.

우리는 모든 일에 임할 때 흔히 잘하는 것에만 기준을 두는 경향이 있다. 더 높은 위치로 올라서고 더 많은 수치를 달성하려 애쓰고, 마땅한 결과를 내고 큰 성과를 냈을 때만 인정하고 칭찬한다. 하지만 허들을 잘 넘기 위해 도움닫기가 필요하듯 성장하기 위해서 반드시 거쳐야 할 단계가 있다. 우리가 당연하게 여기며 간과하는 '하고 있는 나'의 단계다. '잘하는 나'도 중요하지만 '하고 있는 나' 자체를 인정해주면 어떨까? 하고 있는 것만으로도 장하다고 여기며 자신을 격려한다면 결국 시간이 지날수록 잘하게 되지 않을까?

나의 살림은 보통 하루살이처럼 흘러간다. 어떤 하루는 순조롭게 흘러가지만 그런 날이 매일인 것은 아니다. 또한 깔끔하게 정리된 상태가 오래가지도 않는다. 아이를 키우는 집이다 보니 치우면 다시 어지르는 것의 반복이다. 살림은 안 하면 티가 나지만 신경을 쓴다 해도 누가 알아주는 일이 아니다. 일처럼 대우를 받거나 월급을 받는 일도 아니다. 한 마디로 동기부여가 계속 이어지는 일이 아니다. 이와 관련, 어느 날 아래 문구를 본 후 생각을 달리하기로 했다.

지구상의 모든 가정의 식탁에서 똑같이 일어나는 일 중 하나는 매일같이 식탁을 차리고 다시 치우는 일이다.

식사를 준비하고 뒷정리를 하는 일. 아주 대단한 일은 아니지만 매일 빠트릴 수 없는 중요한 일이다. 세상 사람들이 공통으로 가장 많이 하는 일 중 하나가 식사 준비와 설거지, 청소와 정리일 것이다. 지구상에 존재하는 많은 가정에서 끊임없이 반복하는 일이다. 단 하루도 빠트릴 수 없는 이 일을 당연히 여기지 않기로 했다. 매일 식탁을 차리고 치우는 일을 메달을 받고 상을 받는 것만큼이나 훌륭한 일로 여기기로 했다. 응원받아 마땅한 일을 묵묵히 해내고 있는 노고를 스스로 인정하고 알아주기로 했다. 또한 육아를 잘하기 위해 애쓰고 다른 엄마들과 비교하며 감정 소모를 하기보다 그저 내가 할 수 있는 육아에 초점을 두기로 했다. 일과 육아를 병행하고 있기에 육아에 쏟는 시간은 분명 한계가 있지만, 내가 지속해서 해나갈 수 있는 책 육아에 중심을 두며 아이와 교감하고 소통하기로 했다.

오늘은 잘했는데 내일은 그만큼이 아닌 날이 되기보다 그저 매일 내가 할 수 있는 만큼 즐겁게 아이를 돌본다. 열심히 하며 진을 빼기보다 쓸 수 있는 에너지의 균형을 맞추며 안정적인 하루를 보낸다. 꼼꼼한 남편은 내가 청소하는 걸 마뜩잖게 여기지만 가끔 완벽하게 잘하는 것보다 그저 꾸준히 하는 것에 의의를 두며 수시로 해나간다. 청소나 정리를 반복되는 지루한 일로 여기며 헌신하고 희생한다는 생각 대신, 작게 읽기처럼 마음을 챙기고 매일 그날의 완주를 실현한다는 생각으로 임한다.

하고 있는 나로 지속하다 보면 예상치 못한 순간에 그 일을 잘하게 되기도 한다. 육아휴직 기간에 공간 재배치와 정리를 일상의 활력으로 삼았던 일이 학교에서 중요한 공간을 활용하는 데 쓰이며 업무능력을 인정받게 된 것처럼 말이다. 집필 역시 잘하는 것보다 일단 하는 게 먼저인 일 중 하나다. 글이란 게 오늘 좀 썼다고 생각해도 시간이 지나서 살펴보면 마음에 들지 않기 마련이다. 시차를 두고 수시로 고쳐야 함을 알기에 멀리 보고 지치지 않도록 힘을 조절한다. 잘 쓰려고 힘을 주기보다 그저 힘을 빼고 마음이 가는대로 쓴다.

처음부터 잘 쓰는 글은 없다. 그럴 생각이라면 아예 시작도 못 할 일이다. 가장 많이 하는 시작은 '그냥 하자. 딱 한쪽만 쓰자.'라며 엉성하더라도 한 줄을 쓰는 것이다. 글을 잘 쓰기 위한 비결은 따로 없다. 아무리 바쁘고 피곤해도 써야 할 이유를 되새기며 자주 꾸준히 쓰는 것. 이것이 비결이라면 비결이겠다. 이제 1등이나 최고만을 기억하는 세상이 아니다. 메달의 유무나 색깔도 중요하지만 결과만큼 과정도 중요해졌다. 차준환 선수가 올림픽 무대에서 15위를 달성한 후 4년 뒤 5위로 도약하고 급기야는 세계 최정상 자리에 오른 기록을 성장 그 자체로 인정받고 응원받듯이 말이다. 잘하기에 앞서 하고자 하는 것을 일단 해보자. 그중에 관심이 가고 몰입이 되는 일을 잘하는 일로 만들어보자. 계속해 나간다면 결국 알게 될 것이다. 하고 있는 나 자체를 응원할 때 바라던 대로 잘하는 내가 될 수 있음을.

미완성인 나를
완성해가는 즐거움

    MBTI 성격 유형 검사를 다시 해보니 앞서 나왔던 INTJ(용의주도한 전략가)가 아니라 INFJ(선의의 옹호자)가 나왔다. T(사고)가 F(감정)으로 바뀌면서 MBTI 유형이 바뀐 것이다. 시차를 두고 한 번 더 검사했음에도 INFJ가 나왔는데, 아마 T와 F의 비율이 비슷한 경계에 있다가 최근 들어 F로 치우친 게 아닐까 싶다. INFJ는 가장 흔치 않은 성격 유형으로 인구의 채 1%도 되지 않는다. 앞서 나온 INTJ보다 더 희귀한 유형이다. 이들은 결단력이 있고 단호하며 이상향을 추구하는 데 다른 어떤 유형보다 진심이다. 자신이 꿈꾸고 목표하는 바를 위해 구체적으로 계획을 세우고 이행하는 것을 무엇보다 중요히 여긴다.

    이는 이 유형의 강력한 장점이다. 자신의 이상을 위해 적극

적이고 진취적인 자세를 갖는 것은 인생에서 매우 중요하고 필요한 부분이기 때문이다. 하지만 무엇이든 지나치면 독이 되는 법. 이러한 장점도 균형을 잃는다면 그 즉시 단점이 된다. 지나치게 노력하다 금세 녹초가 되거나 불현듯 자신도 모르는 사이 무기력해질 수 있다. INFJ의 특성을 알고 보니 확실히 내 이야기라는 생각이 들었다. 실제로 일과 육아와 집필을 병행하며 무리를 하다 몸에 이상이 왔다. 다 해내고 싶은 마음에 어느 순간 중심을 잃고 온 것이 분명하다. 무엇 하나에 집중하면 주변을 살피지 못하고 고집을 피우는 것이 이 유형의 단점 중 하나인데, 문득 남편과 실랑이했던 최근 주말 저녁이 떠오르기도 했다.

스스로 질문하거나 가만히 생각하는 것을 좋아한다. 내 감정을 들여다보고 마음을 알아차리는 것도 작게 읽기를 통해 잘 챙겨오고 있다. 오랜 시간 독서로 자기 성찰을 해왔고 책을 쓰며 내 생각이나 메시지를 꾸준히 글로 표현해왔다. 그래서 나를 잘 안다고 생각했고 적어도 나를 모르고 있진 않다고 여겼다. 하지만 최근 들어 그 생각이 바뀌었다. 생각 외로 나에 대해 모르는 것이 많았다. 기존에 안다고 자부했던 것도 어느 순간 확신할 수 없었다. 알아도 제대로 아는 게 아니었다.

나를 둘러싼 상황은 계속 바뀌고 생각과 의식 역시 계속 변하는 중이다. 마흔 정도 되면 자신의 마음이나 눈앞의 상황을 어느 정도 꿰뚫어 볼 것 같지만 나이가 들고 경험이 쌓인다고 해서 그러한 통찰이 절로 생기는 것은 아니다. 외부 상황을 비롯한 내면을 인식하려는 노력이 필요하고, 그에 필요한 배움 또한 병행되어야 한다. 또한 몰랐던 자신의 모습을 발견하며 새로운 나를 알아가고, 불완전한 나를 계속 채워갈 수 있어야 한다. 그렇게 나를 이해하는 공부를 해야 결국 나를 비롯한 세상을 알아갈 수 있다.

요즘 심리학에 관한 책을 자주 읽는다. 사람의 마음과 관계에 관한 책을 읽는 재미에 푹 빠져 있다. 심리 서적을 읽다 보면 많은 단서를 만난다. 마음이 지치거나 힘들 때 어떻게 알아차리고 행동해야 하는지, 사람과 사람 사이의 관계에서 어떻게 처신해야 하는지 등의 단서 말이다. 책을 통해 꼭 필요한 이론과 정보를 얻고 내 상황을 거울처럼 바라볼 수 있는 사례와 메시지를 만난다. 누군가의 이야기에서 큰 위로와 공감을 얻고 다시 힘을 낼 의지를 다진다. 때로는 관찰자가 되어 내게 주어진 상황을 바라보기도 하고 가끔은 메타인지를 발휘해 나를 어디까지 이해하는지 깨닫는다. 그렇게 주어진 상황마다 주력하고 싶은 책을 읽으며 미완성인 나를 조금씩 완성해 나간다.

작게 읽기를 일상에서 틈틈이 실천하면 세상을 보는 시선이

점차 깊어진다. 내 마음을 챙기는 것에서 더 나아가 누군가의 삶에 관심을 가지게 되고, 그 삶을 이해하고 배우고자 하는 태도가 생긴다. 얼마 전 〈유 퀴즈 온 더 블록〉에서 한국인 시각장애인으로 미국의 월가에서 임원으로 일하는 신순규 씨의 인생을 만났다. 그의 삶은 미완성인 인생을 아름답게 완성한 한 편의 드라마였다. 9살에 시력을 완전히 잃은 그는 피아노를 꾸준히 연습해 15살이라는 어린 나이에 미국으로 유학 갔다. 치열하게 공부한 끝에 하버드, 프린스턴, MIT 등 세계적인 명문대학에 동시 합격했고, 하버드 대학을 선택한 그는 졸업 이후 세계 최초로 시각장애인 공인재무분석사가 되었다. 현재는 JP모건을 거쳐 브라운 브라더스 해리먼이라는 세계적인 투자회사에서 임원으로 일하고 있다.

한 가지를 제대로 꾸준히 해내기도 힘든 세상이다. 하지만 그는 피아니스트, 교수, 의사를 꿈꾸며 다양한 도전을 멈추지 않았고, 증권 애널리스트로 일하면서 미국 유학 프로그램을 통해 한국 보육원에서 자란 아이들을 돕는 '야나(YANA : You Are Not Alone)'의 이사장으로도 활발히 활동하고 있다. 그의 삶이 실화라는 게 믿기지 않을 정도로 놀랍다. 무한한 역경을 이겨낸 그의 인생을 보며 문득 한국 최초의 시각장애인 박사인 강영우 박사가 떠오르기도 했다. 이러한 인생 스토리를 접할 때마다 삶의 의지가 샘솟는다. 어떠한 결핍도 채워나갈 수 있겠다는 자신감이 생긴다. 또한 시각장애를 딛고 자기 삶을 완성한 것에서 더 나아가 누군가를 위한 선한 영향력으로 확장한 그를 보며 진정한 성공이 무엇인지 다시 생각하게 된다.

인생을 살아감에 있어 성공을 목표로 하는 것과 완벽하기 위한 노력은 꼭 필요하다. 하지만 성공을 꿈꾸되 빠른 성공에 매몰되지 않아야 하고, 완벽을 추구하되 완벽의 늪에 빠지지 않아야 한다. 또한 삶의 속도와 방향에서 반드시 '자신'이 전제되어야 한다. 어떠한 순간에도 자신을 잃지 않는 선택과 행동을 하며 자신만의 방향성과 속도를 지킬 수 있어야 한다. 나를 조금씩 완성하는 삶의 과정에서 '작게 읽기'가 함께 한다면 좋을 것이다. 조금 느리고 다소 늦더라도 '성장'과 '완주'의 관점으로 나아갈 수 있으니 말이다. 세상이나 남들에 의한 어디쯤이 아니라 나의 지점이 어디인지 스스로 가늠하고 결정하게 될 것이다.

우리는 백지 위에 자신만의 인생 지도를 그리며 살아간다. 가끔 멈추기도 하고 때때로 돌아가기도 하면서. 하지만 종국에는 앞으로 나아간다. 그 지도는 매일 조금씩 완성되고 있다. 내 인생의 지도를 펼쳐 이따금 따뜻하고 먼 시선으로 나의 지점을 바라봐 주자. 그러면 알게 될 것이다. 우리는 미완성인 존재로도 충분히 아름답고 미생에서 완생으로 나아가기에 인생을 채워가는 행복이 있음을.

인생의 찬란한 봄날은
언제나 지금이다

올해로 결혼한 지 13주년이 됐다. 그동안 남편과 많은 일을 함께하며 희로애락을 나눴다. 서로가 너무 달라 갈등이 있었고 가끔은 그 과정에서 마음이 무너지기도 했다. 누가 그랬던가. 혼자 있으면 외롭고 함께 하면 괴롭다고. 결혼은 혼자가 아닌 둘이라는 안정감을 주기도 하지만 그것은 절대 공짜로 주어지는 것이 아니었다.

결혼은 진짜 빡센 거야. 결혼이 얼마나 빡센 거냐면 넬슨 만델라도 이혼했어. 넬슨 만델라는 27년을 남아공 감옥에 갇혀 있었어. 그 27년간 매일같이 당하는 고문과 매질을 참아냈고, 40도가 넘는 남아공 사막에서의 강제노동도 견뎌

냈어. 그 지옥 같은 27년을 참아내고 감옥에서 나와 부인하고 6개월 지내고 이혼했다고.

미국 영화배우 크리스 록의 말이다. 남아프리카공화국 최초의 흑인 대통령이자 흑인 인권운동가였던 넬슨 만델라. 평화주의자이자 박애주의자였던 그 역시 온갖 시련을 겪어냈음에도 불구하고 결국 이혼이라는 선택을 했다. 이혼이 잘못되었거나 실패라는 관점으로 말하는 것이 아니다. 두 사람의 관계에서 고려할 사항이 있었거나 서로를 위한 선택이었을 수도 있다. 결혼과 이혼이라는 이분법이 아니라 결혼으로 맺어진 관계를 지키는 것이 그만큼 힘들다는 관점으로 본다면, 결혼생활을 유지하는 것은 결코 평범하거나 당연한 일이 아니다.

옷깃만 스쳐도 인연이라는데, 인생을 살아가면서 만나는 수많은 사람 속에서 끝내 부부로 이어질 확률이 몇이나 될까. 오래 함께한 가족조차 사소한 오해로 어색해지거나 사이가 멀어지는 일이 허다한데, 하물며 타고난 기질과 살아온 환경이 전혀 다른 두 사람이 한 가정을 꾸리는 건 어떤가. 서로 다른 존재가 만나 서로를 이해하고 맞춰가는 과정은 고단하다. 하지만 한편으로는 그렇기에 무척이나 경이롭다. 직장생활을 꾸준히 오래 한 것도, 집안의 가업을 이어나가거나 자신의 사업을 성공시키는 것도 위대한 일이지만, 배우자와의 관계를 잘 유지하며 '가정'이라는 기업을 운영하는 것도 실로 대단한 일이다. 가정을 유지한다는 것은 한 사람에서 두 사람으로 확장된 세계를 잘 꾸려나가는 것이고, 두 사람으로 결속된 관계에서 배우고 깨우치며 자신의 성장까지 도모하는 일이기 때문이다. 결혼생활에서 갈등과 마찰이 아예 없을 수는 없으나 그 시간을 극복해내면 관계는 더욱 견고해진다.

　우리의 인생도 그렇지 않을까? 인생은 어느 때고 뜻하지 않은 시련을 준다. 하지만 위기를 겪고 역경을 마주하며 우리는 점차 단단해진다. 죽지 않으면 더욱 강해진다는 말처럼 그 상황을 극복한 우리는 그전과 다르다. 시련이 삶의 전환점이 되어 끊임없이 배우고 깨우쳤기 때문일 것이다. 크게 흔들리는 인생의 고비 속에서 작게 읽기 덕분에 나는 더는 느리고 늦은 사람으로 남지 않았다. 느림의 임계점을 넘은 또 다른 내가 될 수 있었고, 서툴고 느려도 단단한 나만의 걸음을 걸을 수 있었다. 결혼과 인생이 그렇듯, 시작이 느리건 과정이 완벽하지 않건 끝까지 완주해보겠다는 마음이 중요하다. 앞만 보고 달리는 현실에서 한 걸음 걸어 나와 성장과 완주의 시선으로 자신을 본다면, 지속해서 이어갈 수 있는 자신만의 속도와 방향을 가늠할 수 있을 것이다.

얼마 전 도서관에 앉아 있다가 화들짝 놀란 적이 있다. 2023년이면 교사로 발령받은 지 무려 20년이기 때문이다. 10년도 아니고 20년이라니, 믿을 수가 없다. 나이가 들수록 시간이 쏜살같다던 말을 요즘 들어 실감한다. 특히나 마흔이 넘은 이후로의 시간은 날아가는 새처럼 빠르다. 나는 시간을 붙잡거나 과거로 돌아가고 싶다는 생각을 종종 하던 사람이었다. 현 상황에 불만을 품거나 답답함을 느끼며 과거를 떠올렸고, 불확실한 미래에 대한 막연한 불안과 걱정으로 아까운 시간을 허비하기도 했다. 하지만 시간을 잡아두고 과거로 돌아간들 모든 상황이 만족스러울까? 아니, 그렇지 않을 것이다. 조금 느리고 늦더라도 매 순간 나다운 선택을 하면서 왔다. 또한 과거의 내가 있기에 지금의 내가 존재한다.

당장은 현실이 만족스럽지 않고 내 마음 같지 않은 상황에 있을지라도 미래의 나는 또 오늘의 내가 부러울 것이다. 오늘의 나는 미래의 나보다 젊고, 오늘이 아니면 느낄 수 없는 행복을 매일 마주하고 있기 때문이다. 아이가 입을 오물대며 야금야금 박스럽게 먹는 모습, 식사 전에 두 손을 야무지게 모으고 두 눈을 질끈 감은 모습, 갑자기 달려와 뽀뽀하거나 "엄마! 엄마! 사랑하는 우리 엄마!"라고 크게 부르는 모습. 이런 모습은 지금만 느낄 수 있는 행복이다. 일과 육아를 병행하며 숨 가쁘게 흘러가는 현실이 때로 고되고 별다른 것 없는 일상이지만, 시간이 지날수록 지금이 그리워질 것임을 안다.

 작게 읽기를 실천해오는 동안 몸과 마음이 건강해지고 단단해졌다. 또한 내 중심을 잡아줄 기준과 활력 있는 루틴이 생기는 등 좋은 변화가 많았다. 있는 그대로의 나를 받아들이게 되면서 나를 더 사랑하게 됐고, 내게 없는 것보다 내가 가진 것에 집중하게 됐다. 올해 초만 해도 육아휴직 후 복귀해야 하는 상황이 무섭고 두려웠다. 하지만 지금은 학교 가는 길이 즐겁고 매일 학교에 갈 수 있음에 감사하다. 소확독 일상이 있기에 직장생활 중 처음으로 월요병 없이 지내고 있고, 작게 읽기로 마음을 챙기기에 아이들을 더 큰마음으로 대한다. 어떻게 하면 우리 아이들이 즐겁게 학교생활을 할 수 있을까 궁리하고, 수시로 아이들의 잠재력을 깨우는 활동을 고민하는 등 가르치는 교사에서 나아가 아이들과 함께 성장하는 존재가 되고 있다.

 생각해 보면 많은 것이 감사하다. 120세라는 삶의 여정에서 이제 막 인생 2막이 시작된 창창한 40대라서 말이다. 걷는 행복을 느낄 수 있어 감사하고, 바쁜 하루 속에서도 작게 읽기를 하듯 틈틈이 체력을 키울 수 있어 감사하다. 믿음직한 남편과 보물 같은 아이, 육아를 적극 도와주시는 양가 부모님이 계신 것도 감사하다. 결혼했기에 나와 다른 사람과 소통하는 법을 알게 됐고, 아이를 낳고 키우는 엄마가 됐기에 부모님의 사랑과 노고를 아는 진짜 어른이 될 수 있었다. 따뜻한 햇볕이 드는 아늑한 교실로 출근할 수 있어 감사하고, 좋은 동료들과 예쁜 아이들을 볼 수 있어 감사하다. 매일 커피 한 잔의 독서를 할 수 있어 감사하고, 인생에서 가장 찬란한 지금을 밀도 있게 보내고 있음에 감사하고 또 감사하다.

마지막으로 끈기와 근성으로 완주해 이 책을 완성했음에 감사하다. 부디 이 책이 조금 느리고 늦어진 당신에게 작은 위로이자 하나의 희망이 될 수 있기를.

조금 느린
당신에게
작게 읽기를
권합니다

초판 1쇄 발행 2023년 05월 25일

지은이 김은
펴낸이 권무혁
펴낸곳 어나더북스 another books
기획·편집 김미성, 최영준
디자인 채홍디자인
인쇄 및 제본 비전프린팅
출판등록 2019년 11월 5일 제 2019-000299호
주소 (04029) 서울 마포구 월드컵로8길 49-5 204호(서교동)
대표번호 02-335-2260
이메일 km6512@hanmail.net

© 김은, 2023

ISBN 979-11-978885-4-0 03800

* 책값은 뒤표지에 있습니다.
* 이 책 내용의 일부 혹은 전부를 재사용하려면 반드시 어나더북스의 동의를 구해야 합니다.
* 잘못 만들어진 책은 구입하신 서점에서 교환할 수 있습니다.